魂のみがきかた

人生を好転させる魂向上の9つの道標

久保征章
KUBO MASAAKI

はじめに

本書のタイトルを見て、あなたはどんな思いを持たれたでしょうか。著者は、医師の仕事をしながら、その傍らで、悩める人の人生を好転させるためのお手伝いをライフワークとして歩んできた者です。そのために用いてきたのが、催眠療法の一種である、前世療法でした。

本書では、あなたの人生を好転させるためのキーワードとして、「魂を磨く」という言葉が出てきます。そうです。**魂を磨くとあなたの人生は好転する**のです。この事実は、たくさんの人に前世療法を行っていく過程で、判明したことです。前世療法とは、催眠状態になった人に、自分の前世を思い出してもらう心理療法です。

そして、この前世療法から、たくさんの人生好転の法則を得たのです。人生を生きるなら、最高に楽しくて幸せなものにしたいと思いませんか。ちょっとしたコツを学ぶことで、あなたも自分の人生を好転させることができます。いますぐ読みながら実践していくことで、今日から幸せになってしまう人生の秘訣があなたのものになります。

誰でも理解でき、簡単に実践できるところから解説していますので、読んですぐに、魂を磨く生き方を開始できます。本書のやり方は、いわば天地自然を味方にする生き方なので、副作用やデメリットがなく、きわめて安全です。

「努力は大変」と思っている人も多いですが、**魂を磨く生き方を心がけるようになると、人生の向かい風はしだいに弱まっていきます。そして、少しずつ追い風が吹くようになります。**その結果として、人生行路を進むことが、楽しくなっていくのです。人生に楽しみや喜びが増えて、願いが叶うようになり、幸せを感じるようになるのです。

本書の構成は、第一章から順番に読んでいくだけで、理解が深まり、日常の中で活用できるように組まれています。読みながら実践していくと効果的です。本書は著者にとって四冊目の本になりますが、基礎から深奥までもれなく解き明かしたという意味で、もっとも内容の深い本となりました。どうぞ、ごゆっくりお楽しみください。

もくじ

第四章　最速で魂を磨くために神様とつながろう

第一章　幸せになるために魂を磨こう

魂は磨けば磨くほど輝きを増す！

おのが身のまもり刀は天にます
みおやの神のみたまなりけり
明治天皇御製

魂を磨くことがなぜ重要なのか

●どうすれば、あなたの人生は好転するのでしょうか

あなたは、「魂を磨く」という言葉から、苦しい修業や辛い試練を連想するでしょうか。

もし、今のあなたが、人生の行き詰まりや壁の前にいるなら、その苦しみや辛さから、一刻も早く脱出したいと思っているかもしれません。そして、これ以上、しんどいことはやりたくないと考えているかもしれません。

その気持ちは痛いほどよくわかります。著者自身、そのような苦境を経験したことがありますし、その状態から抜け出すことができず、ますます暗闇の中に入っていった人を見てきたからです。そんなとき、闇雲に問題解決を願って、無理ながんばりを続けるなら、良い結果になることはありません。

ブラック企業で働き続けて病気になってしまった人、破綻した夫婦関係を無理に続けて

心を病んでしまった人、親に束縛され、親の言いなりに生きた結果、引きこもりになってしまった人など、間違った形で我慢の生き方をして不幸になった人々をたくさん見てきました。このような無理ながんばりは、残念な努力といえます。これではいけないのです。

本来、努力することは良きことであり、あなたが幸せになるために欠かせないものです。問題は、いかなる努力をするかです。**あなたが目指すべきは、魂を磨く努力をすることな**のです。

人生という冒険の旅に対するあなたの向き合い方、心的態度によって、あなたが引き寄せる未来は大きく変わってくるのです。「魂を磨く生き方」は、我慢第一の盲目的ながんばりのことではありません。さまざまな苦しみや困難から、あなたを救い、幸せにするための賢明な努力のことであり、言い換えれば、「**自己の向上によって理想の人生を創造する道**」です。

ただし、巷によくある道徳論や努力論のような内容ではありません。「**魂を磨く生き方**」**は、生まれ変わり、前世、霊界、神霊世界などの存在を前提としているのです。**その世界観の元にあるのが前世療法です。前世療法とは催眠療法の一種であり、催眠状態となることで過去生（前世）を体験し、生まれ変わりの法則を学ぶセラピーです。

著者は、これまで、前世療法を行うことで、三千三百人を超える相談者の人生の姿を、その人の数々の前世も含めて、知る機会に恵まれました。その結果、生まれ変わりには一定の法則が働いていることがわかりました。そして、**人間は、魂を磨いて進化するために生まれ変わりを繰り返している**という真理を学びました。

数々の前世療法の症例を通じて、明らかになったこと。それは、この世に生まれてくるのは、魂を磨くため。そして、すべての苦しみや試練は、魂を磨くための砥石なのだということ。さらに、なぜ苦しみや不幸が起きて来るのかという根源的な理由もわかりました。

前世と今生は、原因と結果の法則（因果応報の法則）によってつながっていて、それが人の運命に大きな影響を与えていたのです。そして、この**因果応報の法則を正しく活用すれば、誰でも、自分の運命を思い通りに改善して、幸せになることができる**ということがわかってきました。

このような幸、不幸の成り立ちの土台となる法則は、わたしたちの魂を進化させるために存在しているのです。わたしたちは、誰でも例外なく、魂を磨くために、この世に生まれてきているのです。

魂を磨きながらより良く生きる原則がわかったので、縁ある人々のために、魂を磨く生き方を会得する学びの場として、「みんなで開運しよう！魂向上実践塾」を創設しました。そして、魂を磨くことを主にして、ひとりひとりの人生の悩みの解決、問題点の改善をサポートしていくようになりました。

その結果、**魂を磨く生き方を目指した人は、個人が抱える人生の悩みを克服できたり、人生の理想を実現できたり、長年の願いを叶えたりして、幸せになっていったのです。**

反対に、魂を磨くことに気持ちが向かわず、現世利益や願望成就だけを求める人は、なかなか人生が好転せず、低迷するということも明らかになりました。そこで、これまで得たノウハウを整理し、「魂を磨く生き方」の要点を知っていただき、人生の好転や理想の実現のために、お役立ていただくためにまとめたのが本書です。

●生きづらさから解放される方法

あなたは、何らかの生きづらさを抱えていませんか。生きづらさとは、本来の自分が生きたいように生きることができず、無理をしているということです。心の中に住んでいるもう一人の自分が、今の生き方は、自分の本来の生き方ではないと、告げているのです。

生きづらさと聞くと、精神的な問題に限られる感じがするでしょうか。人生で起こる問題は多様です。人間関係、仕事、お金、健康、結婚、離婚、子育て、男女関係、親子の確執など、解決が困難であったり、解決不可能と思われるほどの問題を抱えている人もいます。それによって悩み苦しみ、体を壊して病気になる人もいます。あるいは、自分の願いが叶わないということを悩んでいる人もいます。たとえば、恋人ができない、結婚ができない、好きな仕事に就けない、収入が増えない、人間関係の苦労から逃れられない、などの苦しみを抱えているケースです。

そういった人々が、本書で説いている「魂を磨く生き方」を選択することで立ち直っていく姿を、著者は見てきました。問題を解決できたり、思いもしなかった突破口が開けたりする形で、彼らは人生を大きく好転させていったのです。

精神科や心療内科などの観点から、生きづらさを考えるとき、発達障害、愛着障害、パーソナリティ障害、境界知能などについての知識が必要になります。それぞれに一般向けのわかりやすい本が出ていますので、あなたも読んだことがあるかもしれません。

こうした本を読んで、自分は「発達障害だ」「愛着障害だ」「パーソナリティ障害だ」と、原因がわかったような気持ちになった方も多いかもしれません。そのなかには、医師の診断をうのみにし、自分は障害だからと、努力しないことの正当な言い訳を得た気持ちになっている人もいます。

あるいは、こうした知識がなくても、長年、生きづらさに苦悩し、「自分の性格は、こうなんだから仕方がない」と考えて、生きづらさの解決をあきらめている人もいます。

確かに、発達の問題や愛着の問題、そして、パーソナリティ、性格の問題などは、生きづらさの原因です。しかしながら、そこで立ち止まってしまうと、生きづらさを解決することにはなりません。このような生まれつきの脳機能の傾向や、幼少期の環境で生じた性格傾向などの問題は、どのように受け止め、解決していけばよいのでしょうか。

わたしたちは、生まれ変わりを繰り返しながら、魂としての進化の道を歩んでいます。**生まれ変わりには、因果応報の法則が働いているので、前世、あるいは、その前の前世などの過去の自分の生き方、行いの結果が、次の生まれ変わりに反映されるようになっています。**

前世で磨いた部分は、生まれ変わると長所や才能の源になって肉体に備わります。前世での生き方の結果、積みあがったプラス点、マイナス点に応じた肉体、精神、環境に生まれることになります。つまり、それに応じた両親の子供として転生できるということです。

言いかえるなら、**前世の因果応報をもとに、特定の遺伝子を持つ肉体の器に、あなたの魂が宿る**ということです。それゆえに、現在の自分になんらかの欠点や短所があるとしたら、それは前世で魂を磨いた部分に偏りがあったり、単純に転生回数が少ないために未熟であるということになります。

発達障害（自閉スペクトラム症、ＡＤＨＤ）、境界知能、パーソナリティ障害といった診断名は、人が考えたカテゴリーの分類に過ぎません。それらは、偶然に自分に備わった特質なのではなく、前世からの必然の結果として、存在しているのです。

脳機能に関しては、生まれた後で触れる農薬やアレルギーなどの外的要因もありますが、そうしたものの悪影響を受ける人もいれば、受けない人もいます。避けられない形で悪影響を受けたのだとすれば、それもまた偶然ではないのです。

そもそも人間は、生まれながらにして不平等な環境に生きています。現代社会においては、生まれつき知能指数が高い人に比べれば、その反対の人は、生きていくうえで不利な面が多いかもしれません。また、親が富裕であるか貧困であるかによっても差が出ますし、どの国に生まれるかによっても人生は大きく変わってきます。

また、家庭内の人間関係が調和している家もあれば、家族でけんかばかりしている家もあります。愛情が深い良き両親に恵まれる人もいれば、いわゆる「毒親」とされるような性格に問題のある親に育てられる人もいます。

このように、**わたしたちは、この世での出発点において、不平等です。その不平等は、それぞれが繰り返してきた生まれ変わりの人生で、積み重ねた行いの結果として生じたのです。**

因果応報の法則は、誰に対しても分け隔てなく作用し、その作用は、善因善果、悪因悪果です。それはきわめて平等に作用しているため、結果的に、現時点を切り取れば、不平等な状態に見えるのです。**生まれ変わりを繰り返す過程で、平等に法則が働いた結果が、現在の不平等な状況をもたらしているということです。**

このことを踏まえると、自分の現状をただ嘆いたり、恨んだり、不平不満に思うばかりでは、問題は解決しないということがわかります。原因と結果の法則が働いているのですから、良い原因の種をまいていくことが、良い結果という果実を収穫するために必要なのです。

つまり、**良い原因の種をまくことは、未来を好転させる**ということです。これからどんどん良い種まきを積み重ねていけば、因果応報の法則によって、人生に良き事が増えていきます。幸せや満足感を得られるように運命を変化させることもできるということです。そして、良い原因の種をまく過程で、あなたの魂は磨かれ、進歩向上していくのです。

因果応報と生まれ変わりの仕組みを知って、すべての疑問が解けたと納得する人も多いです。一方で、前世からの因果応報という話をすると、因果応報の悪い報いの側面ばかりを見て、拒絶反応を起こす人もいます。

「前世の因果応報で自分の身にどんな不幸がふりかかるかわからないとしたら、とても怖い。安心して生きていけない。だから、因果応報なんて考えたくない」という反応をしばしば見かけます。

このような人に考えて頂きたいことは、**前世からの因果応報という概念を持ち出すまでもなく、わたしたちの未来に何が起こるかは予測不可能**だということです。突然の大地震などの天変地異で命を落とすこともあれば、交通事故、犯罪、急病で命を落とすこともあります。あなたが前世や因果応報の考え方を拒絶したとしても、突然の不運のリスクが減ることはありません。

反対に、**この宇宙に因果応報の法則が存在することを受け入れるならば、それを使って未来を思い通りに変えていく可能性を手に入れることができます**。良い原因の種をまいて、未来の結果をより良いものへ軌道修正していくことができるのです。まさに災い転じて福となすように、未来を変えていけるのです。

このように考えるならば、生まれ変わりや因果応報という考え方を積極的に取り入れたほうが、人生にメリットが多くなるのではありませんか。

この仕組みを理解するしないにかかわらず、すべての人は、魂を磨いて進歩向上していくために、生まれ変わりを繰り返しています。なお、人は人にしか生まれ変わりません。来世は動物ということはありえません。地球上に存在する人類の人口の増加と生まれ変わりの仕組みについては、前著『魂の黄金法則』で詳しく解説しました。第一に、転生と転生のインターバル（霊界滞在期間）の変化。第二に、進化した魂に起こる分霊という現象（一つの魂が複数に分かれる）。第三に、動物界の魂が進化して人間界に参入する現象があります。人との触れ合いの多い愛玩動物などの魂から人間界に参入してきますが、最初は精神発達遅滞や乳児期に夭折《ようせつ》するような肉体への受肉を繰り返しながら進化します。この三つの仕組みが働いて人口の増加に対応しています。

「魂を磨いて進化するために今ここにいるのだ」ということを悟ったうえで、それぞれの立場で、自分を高めていくことが、より良い未来を創造することにつながります。

地道な努力を一歩ずつやっていくしかありませんが、**魂を磨く生き方を選択していくことで、進化の報酬としての、喜びや楽しみや満足といった感覚が、人生に増えていくようになるのです。その結果、生きづらさはしだいに解消され、最終的には、雲散霧消するこ**

とになるでしょう。

魂を磨くことが具体的にどのようなことを指しているのかについては、本書で少しずつ明らかにしていきますが、一言でいうなら、それは努力をする生き方だと言ってよいでしょう。少なくとも、努力をしない生き方ではありません。努力は良きものであり、努力すればするほど、幸せになっていくのです。もちろん、どんな努力でも良いということではありません。より良き努力である必要があります。

●魂を向上させる最善の努力とは？

魂を磨く生き方をするために、努力することが大切であると述べました。ですが、その努力は、適切で有効な努力でなければなりません。どのような努力がもっとも魂を磨くことにつながるのかについて、理解しておくことが重要です。

魂を磨く努力、それはすなわち、魂の美徳を高める努力です。**魂には、愛、叡智《えいち》、意志という美徳の三局面があって、この三つの美徳を高めることにつながる努力が最善の努力**

ということになります。愛、叡智、意志を具体的に説明します。

●叡智の美徳とは？

最初に、叡智からです。叡智の局面を高めるには、頭を良くすることです。頭を良くするには、どうすればよいか。それは、学ぶことです。この世において、学校で学ぶさまざまな学問、ビジネスなどの実用的な知識、人生哲学、生き方の工夫など、あらゆる物事の学びは、頭を良くすることにつながります。

人間は、生まれ変わりを繰り返すことで、魂の三局面を進化させています。**知能指数が高い人、頭が良いと周囲から思われている人は、どんな生まれ変わりを繰り返してきたのか。それは、学ぶことを通じて知性を磨いて、魂の叡智の局面を磨き高める生涯を繰り返してきた人なのです。**

もし、今のあなたが、知能指数が高くなかったり、頭が悪いと思われるような状態だとしたら、前世において学ぶという面での努力が足りなかったのかもしれません。すべての人は前世の生き方の結果として、現在の肉体に転生し、宿っているのです。現在の肉体の脳機能は、過去生からの積み重ねプラス生まれてから今日までの積み重ねの結果です。したがって、生まれ変わりの回数の少ない人ほど、人間として未熟な傾向があります。

また、聡明な両親の子として生まれることは、決して偶然ではないのです。それは過去において積み重ねた努力の結果として、今、現れている現象なのです。もし、そうした恵まれた生まれでなかったとしても、あなたの未来は、これからの生き方しだいで無限の可能性がありますから、今から、向上心を持って、学ぶ努力を重ねていくことが大切です。

生まれ変わりの回数が少ない人は、魂の三局面の磨き方に偏りが残っています。自閉スペクトラム症などの発達障害や、境界知能などの人は、生まれ変わりの回数が少ないか、もしくは、前世で偏った努力を繰り返した可能性があります。偏りが強い場合は、極端な才能や長所がある一方、極端に苦手な分野や短所もあるのです。

能力や才能は、前世から持ち越された魂の素養です。今生であなたが行うあらゆる努力は今生の自分への報酬となると同時に、来世の自分の財産にもなるということです。ですから、学ぶ努力は、あなたの年齢、特性にかかわらず、魂を磨くうえで無駄になるということはありません。**お金をどれだけため込んでも、あの世まで持っていくことはできませんが、魂の三局面を磨いた足跡は、魂の財産として、来世に持っていけるのです。**

あらゆる学びは魂を磨くことにつながっている、ということが理解できれば、人生のどのような場面においても、学ぶことから逃げず、積極的に挑戦するという選択ができるようになるでしょう。挑戦する気持ちを何才になっても失うことなく、物事に挑み続けていくなら、最大限まで魂を磨いて人生をまっとうできるでしょう。

叡智の働きは、真、善、美として現れてきます。真とは、物事の真理を見極め、悟ることであり、嘘偽りのない真心でもあります。善とは、より良くしようとする働きです。そして、美とは、芸術的素養です。真、善、美の要素を磨き高めていくことで、魂は進歩向上していくのです。

●意志の美徳とは？

次に、三局面の二つ目である意志について解説します。**意志力を高めるには、目標を持**

ち、**それを達成する、ということを繰り返す必要があります。最初は小さな目標からでもよいのです。**魂の向上につながるような学びの目標を達成するなら、さらに効果的となります。肉体の鍛錬につながるような目標でもよいですし、その他の能力の向上につながるような目標でもよいのです。

受験生が志望校合格をめざして勉強することや、スポーツ選手がメダルをめざして肉体の鍛錬を重ねることも、意志の美徳を高めていることになります。仕事での成功をめざして努力することや、豊かになろうとして商売に励むことも、意志の美徳を高めます。

反対に、意志力を発揮することを怠り、人生に目標や目的を持つことなく、流されるようにして生きていると、意志の美徳は、発達することはありません。生きる目的を見失うことは、魂の進化の流れを停滞させることにつながるのです。意志の働きは、勇気、勇猛心、胆力となって現れます。また、忍耐、根気、継続力となって現れます。

意志力を発達させるためには、人生に志を立てて、こう生きていく、こういったことを成し遂げる、これを実現させる、という願いを発することが出発点です。このことを「立《りっ》志発願《しほつがん》といいます。「立志発願」をして、その実現に向けて、誠心誠意で努力をしていくことを「精進努力《しょうじんどりょく》」といいます。立志発願、精進努力という言葉は、仏教に由来する言葉です。つまり、「立志発願」をして、「精進努力」を重ねていくことで、魂の三局面のうちの意志という局面が発達するのです。

●愛の美徳とは？

最後に、三局面の三つ目である愛について解説します。ここでいう愛とは、利他の愛のことです。博愛、隣人愛など、周囲の人々に向けられる愛情です。仏教でいう慈悲の心といってもよいでしょう。他者に愛の念を向けることができるかどうかもまた、魂の進歩向上の結果なのです。

ただし、盲目的な愛情や所有欲、支配欲などは愛ではありません。それは相手に執着しているだけの我欲です。愛しているからといって、相手を束縛するのは、ほんとうの愛ではありません。このような間違った愛を仏教用語では渇愛と呼んでいます。

他者を安心させること、喜ばせること、満足させることは、愛といえますが、それらの安心や喜びや満足が、より高い次元に属するものであることが重要です。低次元の享楽を満たすだけでは、他者の魂の向上を妨げてしまう場合もあるのです。**真の愛とは、相手の魂の進歩向上を支援することにつながる行いです。**

そして、相手の魂の進歩向上を支援することにつながるような言動をするには、叡智が必要であり、強い意志力と忍耐力も必要です。叡智なき愛は、盲目的な愛になりがちですし、たとえ、叡智ある愛であっても、それを実行し、つらぬくためには、強い意志力と忍耐力がなければなりません。愛する努力も三日坊主で終わるようでは、意味がないのです。

このように、魂の三局面である愛、叡智、意志の要素をバランスよく磨いていくことで、円満具足の魂になれるのです。そして、魂の三局面とは、人間だけが持つ神の分魂の特性なのです。神の分魂を持つがゆえに、人間にだけ、カルマが発生し、因果応報の法則が作用しています。因果応報の法則は、神の分魂であるわたしたちが進化していくために存在しているのです。誰でも、この三局面のどれかに偏りがあるものです。足りない部分を補っていく心がけが大切となります。

ところで、日本古来の伝統宗教である神道では、魂の局面を四つに分けて考えます。幸《さき》魂《みたま》、和魂《にぎみたま》、奇魂《くしみたま》、荒魂《あらみたま》という四魂《しこん》です。魂の三局面にあてはめると、意志は荒魂、叡智は奇魂、そして、愛は、幸魂と和魂ということになります。神道においても、魂をバランスよく磨くことの重要性が意識されてきたということです。なぜ、神道では愛の局面を幸魂と和魂の二つに分けて考えるのでしょうか。それは、日本では古来から調和の精神を重視してきたからです。聖徳太子の十七条憲法の第一条にも「和を以て貴《たっと》しとなす」という教えがあるとおりです。

魂向上法① 目前のことに集中する

●精神集中の効用とは？

魂を磨くためには、魂の三局面を錬磨することが大事と述べました。それを具体的に毎日の暮らしの中で実践していくための第一歩が、精神集中です。精神集中とは、何かに意識を向け続けることを指しますが、テレビを見るような受動的な集中のことではありません。そうした受動的な集中にも気分転換や息抜きとしての効用はありますが。

ここで述べる**精神集中とは、仕事や勉強や家事や作業などの、あなたが今、取り組む必要がある物事に対して、雑念を払い、全身全霊で打ち込んでいくというものです。**雑念を捨てて一生懸命に仕事に打ち込む。雑念を捨てて一生懸命に勉強に打ち込む。雑念を捨てて一生懸命に家事や作業に打ち込む。このような精神集中は、魂の三局面の意志の側面を磨いていることにつながるのです。

反対に、雑念や妄想にとらわれて、仕事に集中できていない、勉強に集中できていない、家事や作業に集中できていない、という時、魂は磨かれていないということになります。一心不乱に、目前のなすべき物事に集中して取り組むことは、魂を磨く生き方の基礎となるのです。このような心がけを日々、実践していると、それだけでも人生は良い方向に向かっていくのです。

その理由は、**目前のなすべき物事に没頭する生き方は、神仏の加護を授かりやすくなる**からです。一生懸命に努力をしている状態は、わたしたちが守護霊に守られ、導かれるのに最適な状態なのです。無心に努力しているとき、人の心はおのずから明るく前向きになります。つまり、**精進努力している人の魂は、明るく輝いているので、わたしたちを守っている守護霊団は、その人に対して、より良くなるための働きかけが容易にできるのです。**

すると、自然なひらめきが湧いてきて、人生をより良くするための方策に気づいたり、こうすればもっと良くなるというポイントを悟ったり、ラッキーな出来事が自然と増えていくようになり、人生は好転していくようになります。

魂を磨くうえでの個人コーチのような存在として、守護霊という高級霊がひとりひとりを見守ってくれています。

守護霊は霊界の存在ですが、霊界の中でも天国界という高い霊的階層に住む遠い祖先です。そこは、明るく、澄み切った世界であり、慈愛に満ち、軽やかな心の世界です。そんな明るく、温かく、軽い精神の世界につながっていくためには、わたしたち自身の心の状態が、明るく、温かく、軽くなる必要があります。そうしないと、天国界と波長が合いません。

目前のなすべきことに集中すると、誰でも自然と雑念や妄想から解放され、それらの悪想念を忘れ去り、目前の努力に無心に向かえるようになります。没頭することで無我の境地に至るのです。するとと、心はしだいに清々しくなり、明るく、温かく、軽くなっていくのです。仕事でも勉強でも家事や作業でも、精神集中によって、想念の浄化という効果も得られるのです。

そのとき、わたしたちを守っている守護霊や守護霊団の高級霊たちとのつながりが容易となり、その導きを受け取れるようになるということです。このように精神集中は有益なのですが、あくまでも能動的な精神集中でなければなりません。仕事をする、勉強をする、炊事、洗濯、掃除、整理整頓などの創造的な作業に没頭することが重要です。

目前の物事に集中することを心がけるようになると、雑念、妄想などの悪想念にとらわれることから解放されます。テレビやゲームも、気を紛らわせ、嫌なことを忘れさせてくれるかもしれませんが、そこに精進努力の要素はほとんどありません。そればかりでは、魂が明るく輝くこともないため、運命好転の効果も出てきません。それよりも、自分を磨き高めるような物事に没頭することを心がけるほうが、悪想念を駆逐するだけではなく、よきひらめきや発想が授かり、運が良くなり、運命好転につながるのです。

感情のコントロールが下手で、怒りや不満などの負の感情にとらわれて、そこから気持ちが切りかえられない傾向のある人は、特に、目前のことに没我の状態で取り組む訓練をすると有益です。**人間は、何かに集中して打ち込んでいるときには、ほかの思考や感情から気持ちを切り離すことが容易にできます。**仕事や勉強や研鑽に没頭することは、情緒不安定で感情に流されやすい精神状態を改善するための良き処方箋といえるのです。

悩み事が頭から離れないときは、スポーツなど運動で体を鍛えることに没頭したり、楽器の演奏を練習することに没頭したり、あるいは、絵を描いたり、書の稽古《けいこ》をしたり、何らかの能動的な精神集中をするとよいのです。目前のことに没頭して努力をしていると、悩みを解決するために必要な発想や、ひらめきが自然と湧いてくるようになります。

コラム1
愛着障害とアドラー心理学について

愛着障害の傾向がある人が増えていると言われています。愛着障害とは母親や父親など保護者から、必要な時に適切な愛情を十分に受けとることができないことで生じるものとされています。ネグレクトや虐待のケースだけではなく、反対に過干渉の場合も愛着障害となります。子が親からの愛情を十分に受け取れたと感じるためには、共感的、受容的なコミュニケーションが必要です。

そして、**乳幼児期に、母親との十分な時間の共有ができないと、愛着障害になりやすい**こともわかってきています。軽度なものを含めると、三人に一人の割合で愛着障害の人が存在する、と主張する専門家もいます。

脳内の現象でいえば、オキシトシンという脳内ホルモンが、愛着障害と深く関係します。オキシトシンは「幸せホルモン」などと呼ばれることもあるとおり、信頼関係のある人に触れられることで多く分泌され、愛情や信頼を強化する働きがあります。動物を使った実験では、生後一か月間の母親との触れ合いが十分にないと、オキシトシンを分泌する細胞が十分に増えないことがわかっています。人間の場合も、乳幼児期の母親との触れ合いが少ないと、オキシトシン分泌が十分に増えないことがわかっています。

オキシトシンが十分に分泌される人は、人を信頼する力を発揮でき、対人関係を上手に構築できる傾向があります。そして、オキシトシンはストレスによる悪影響を抑えたり、免疫力を高めたりするのです。愛着障害の人は、このようなオキシトシンの働きが足りていない状態にあります。その結果として、人間関係がうまく構築できず、生きづらさを抱えるようになりがちです。

現代の日本においては、ゼロ歳児保育が普及したり、乳幼児期に母親から、長時間、切り離された状態で過ごす子が増えています。そのことが愛着障害を抱える人の増加に明らかに影響しています。

愛着障害を抱える人は、成人してから、職場の人間関係で苦労したり、恋愛や結婚において、対人関係をうまく構築できず、人生に苦悩することが増えるのです。そして、その一部が、パーソナリティ障害になったり、さらには、適応障害、パニック障害、うつ病などの精神疾患を発症して、精神科や心療内科に通院するようになることもわかっています。そして、長期間の休職をしたり、仕事を辞めることを余儀なくされたり、引きこもりになったりします。

日本の政府は、女性を働かせるために、ゼロ歳児保育をはじめ保育施設の拡充をしました。その結果、愛着障害を抱える子供が増えてしまいました。その子供たちは、成長すると、メンタルの弱さに苦しみ、社会で活躍するべきときに困難を抱える可能性が高くなります。これは悪循環というほかありません。愛着障害を減らしていくためにも、乳幼児が母親の膝元で安心して時間を共有できるよう、家庭で母子がいっしょに過ごせるための子育て支援が必要です。

乳幼児を保育施設に預けて、母親が労働に出かけなければ生活ができないという現状は、解決されなければなりません。ほとんどのお母さんは、幼子といっしょに過ごしたいのであり、生活のために泣く泣く、保育所に子を預けて仕事に向かっているのです。保育士の給与が安く、長時間勤務など労働環境も悪いため、保育士による幼児虐待事件のニュースも後を絶ちません。

もちろん、職業に生きがいを見出す女性もいます。仕事でのキャリアを重視し、子を保育施設に預けることでブランクを避ける人もいます。それらの人々は、子が愛着障害になるリスクをよく知り、その対策をできる限り実行していくほうがよいでしょう。それも一つの生き方として容認されるべきものです。一方、わが子といっしょに過ごしたいのに、生活費を稼ぐため、乳児を保育所に預けて無理を重ねている母親も多いのです。このような社会のあり方は、改められるべきでしょう。

もし、自分に愛着障害の傾向があると感じる場合は、どうしたらよいか。愛着障害について解説されている本を読んで理解を深め、自分を客観視することは大切です。それと同時に、自分が自分の親となって、自分の愛着機能を育てなおす必要があります。

心理学でいえば、アドラー心理学が有益です。アドラー心理学は、自分の人生の主人公は自分であると確認することから始まり、他者への承認欲求を捨てることを訓練します。**愛着障害を抱える人は、親への承認欲求が強いため、それがさまざまな対人関係にも影響して、混乱をまねいています。**承認欲求を手放すことをめざし、他者との課題の分離に重点を置くアドラー心理学は、良い処方箋となるのです。

また、アドラー心理学は、原因の追究をやめて、目的の追求をするように説いています。

原因に気持ちが向かうと、結局、親が悪かった、周囲が悪かった、だから自分は愛着障害になった、というように、他責傾向になりがちです。これでは問題は解決しません。そのような他責より、自分の人生の目的に意識の焦点を合わせて、今と未来に目を向けていくことをアドラー心理学では目指します。

このような考え方は、前世療法から導き出される魂の進化という考え方、本書で説いているような人生観とたいへん相性が良いのです。

前世療法に対して、人生のすべての原因を前世に求め、現実から逃避する責任転嫁の思想のように誤解している人もいますが、まったく間違った理解といえます。**前世療法とは、魂の目的を悟り、その目的の達成のために人生に前向きに取り組む心がまえを得るために、行うものなのです。**原因ではなく、目的の追求であり、アドラー心理学の考え方に近いのです。

このほか、アドラー心理学では、**人生の幸福を追求するためには、「共同体への奉仕」が重要**だと説いています。「共同体への奉仕」とは、世のため人のために尽くすことであり、本書で説いている積善の実践と方向性が同じです。アドラー心理学については、たくさんの書籍が出ていますので、読みやすいものを選ぶとよいでしょう。愛着障害に関する初心者向けの解説書として『マンガでわかる愛着障害』（岡田尊司　著）が参考になるでしょう。

愛着障害を抱えている人の中には、発達障害を併せ持っている人も多くみられます。そして、発達障害の診断基準を満たさないが、その傾向を持っている「発達障害グレーゾーン」という状態にある人も多いということがわかってきています。

対人関係で、「空気が読めない」「他者に共感することが苦手」「こだわりや執着が強い」「ひといちばい過敏」といった傾向がある人はグレーゾーンに該当する可能性があります。これに関しては『発達障害「グレーゾーン」生き方レッスン』（岡田尊司　著）が、グレーゾーンの各タイプ別の生き方の工夫について言及されていて有益です。この書は、グレーゾーンの可能性がない人にとっても、人間関係を良好に築くうえでのさまざまなポイントがわかりやすく説かれているので役立つでしょう。

第二章　魂を磨くと苦しみが減り楽しみが増える

魂が向上すると苦は楽に転じる！

皇神《すめかみ》の誓《ちか》いおきたる国なれば
正しき道のいかで絶ゆべき

吉田松陰

魂向上法② 長所、才能をのばす

●どうすればやる気や意欲が湧いてくるのでしょうか？

魂を磨くには、目標をもって努力することが欠かせません。そして、努力をするためには、「やる気」が必要です。「やる気」がある状態になるのはどんな時かというと、その物事に対して、興味と関心が湧いた時です。興味とは、ある対象について好ましいという気持ちで注意を向けることです。また関心とは、心がそこに向かうことを意味します。では興味と関心はどのようなものに対して湧きおこるのでしょうか。

第一に得意分野です。**自分にとっての得意分野には、誰でも興味と関心を抱くので、自然と「やる気」が湧いてくる**ものです。得意分野は、努力したことの成果が出やすいため、努力の報酬を受け取れる機会も多くなります。そのため、「やる気」が湧きやすいし、「やる気」が損なわれるようなことも少ないので、努力を継続していくことも容易です。

得意分野をさらに伸ばすという努力の方向性は、「やる気」を維持していくうえで重要です。なぜ、「やる気」が維持できるのかといえば、得意分野をさらに伸ばす努力は、楽しいという感情を伴いやすいためです。

長所を伸ばす、才能を伸ばす、という魂の磨き方は、楽しいという感情を伴い、「やる気」が持続するので、より早く人生を成功した状態に近づけるということです。この観点からは、自分の長所や才能を見極めて、就くべき職業を選んだり、どんな努力をしていけばいいのかを決めていくほうが良いということになります。

第二に適性がある分野です。**自分にとって適性がある分野には、得意か不得意かにかかわらず、自然と「やる気」が湧いてきます。**その結果、努力し続けることができるので、最初の時点では不得意のように見えても年月が経過するうちに、能力が向上して、得意分野となっていくことも多いのです。自分の個性に合っていることは、興味と関心が湧きやすいので、「やる気」を損なうことなく、努力を続けていくことができるのです。

自分の適性がよくわからないこともあります。そんなときでも、その職種に興味と関心を抱き続けることができるなら、自分の中に眠っていた新たな長所や才能が発掘できるかもしれません。

取り組んでいく対象が、初めから自分の長所や才能に重なるものであれば、努力することは容易です。また、自分に適性が合うものなら、得意ではなかったとしても、努力することは比較的容易です。

しかし、最初の段階では、自分に合うか合わないか、わからない場合もあるでしょう。そんなときでも、**その物事に対して、何らかの意義を感じることができて、「これは有意義なんだ」と思えるなら、「やる気」を持って取り組むこともできます。そうやって取り組んでいく過程で、適性があったことが後から分かったり、しだいに興味と関心が高まっていく場合もあるのです。**

ですから、原則としては、長所や才能の進展が最優先であり、その次は自分に適性が合っていることに取り組むことです。その次は意義を見出せるもの。そして、自分には、はっきりとした長所も才能もなければ、適性もわからない、というような状況の場合は、とりあえず、目の前にある物事に飛び込んでみることです。

そうやって、いろいろな物事に挑戦していくうちに、自分の長所や才能がわかったり、適性があるものが何かということがはっきりとしていくのです。自分の方向性がはっきり判明したら、進むべき方向を定めて、迷いなく突き進むことです。

才能や長所を磨いて、それが自分に豊かさをもたらすようになるには、どうしても一定の時間を要します。五年、十年、十五年と、年月を要することを考えれば、進むべき道をどう選ぶかは、非常に重要な問題といえます。


反対に、自分にとって苦手な分野にむかって努力をすることは、誰にとっても、「やる気」の維持が難しくなります。苦手な分野には、そもそも興味や関心が湧きにくいうえ、「やる気」も出ないので、努力することが苦痛になりがちです。

ですから、勉強の方向性や、職業の方向性は、自分にとって苦手な分野でないほうが良いのです。文系が向いている人もいれば、理系が向いている人もいるのです。また、営業職が向いている人もいれば、事務職が向いている人もいるのです。アイデアを出し、企画を考えるのに向いている人もいれば、出された指示内容を黙々とこなすことが得意な人もいるのです。クリエイティブな仕事が向いている人もいれば、単純な作業のほうが向いている人もいるのです。

原則として、長所や才能に合致した仕事や自分に合っている仕事をしていると、楽しい、やりがいがある、という感情をより感じやすいのです。そして、それは幸福感につながるのです。反対に、自分の苦手なことや向いてないことに無理に取り組むと、苦しい、つらい、やりたくないという感情にとらわれがちになり、努力が続きません。

魂を磨いていく最初の段階であるほど、長所や才能を伸ばすことに集中するほうが良いです。次に、それが軌道に乗り、順調に発展していくようなら、他の分野にも挑戦してみると、さらに魂を磨いていくことができます。この順序で、段階を踏んで行うならば、楽しみながら、「やる気」を維持しつつ、努力を重ねていくことができます。このように、魂を磨く基本は、長所の進展です。

もし、長所の進展よりも短所の克服のほうに集中してしまうなら、努力することは苦痛になり、「やる気」が出てこないということになりかねません。**短所の克服は、長所の進展の過程で少しずつ行えばよく、意識の焦点は、長所の進展のほうに合わせるのが、魂を磨くコツ**ということです。

●何事にも魂を磨くという意義を見出す

魂が向上していくと、どのようなことに対しても、そこに魂を磨くという意義を見出し、努力の過程を楽しむことができるようになります。**努力すること自体が尊いことであり、楽しいことであり、生きる喜びであるというとらえ方**ができるようになってくるのです。これは、いかなる分野に対しても「好きになる努力」をするということであり、「やる気を出す努力」をするということです。

つまり、興味と関心がないテーマに対しても、**興味を持つ努力をし、好きになる努力をし、「やる気」を出す努力をして取り組んでいくうちに、やがて、ほんとうに好きになり、能力も向上し、楽しめるようになる**ということです。この悟りを会得した人は、いかなる状況でも、目前のことに没頭できるようになるのです。

このような魂の向上の段階まで進化してくると、人はしだいに万能性を持つようになり、多芸多才、何でもできる人に近づいていきます。「魂が向上すると苦は楽に転じる」というのは、このような境地に至ることを意味します。

魂を磨く道は、最初は長所の進展から始まり、最終的には、万能性を育て、多芸多才の存在を目指していくということです。最初の段階では、「やる気」の持続ができることが重要なので、「やる気」を出しやすい分野からとりかかるということです。

そして、自分の中のどんな才能を伸ばせばよいのか、わからない、**何をすればいいのかわからない、という場合は、とにかく目前の仕事や勉強や家事などやるべきことに没頭するところからとりかかる**ことです。没頭する努力をしているうちに、何をすればいいのか、ひらめき、気づきがあなたを守る守護霊によってもたらされます。何も行動を起こさず、精進努力していない場合には、こうした良きひらめき、気づきはやってこないのです。

ところで、何をするにも「やる気」が湧かない、何か努力をしようという情熱が出てこない、という状態になると、長所を伸ばすことが困難になります。どのようなときに、「やる気」や情熱が出なくなるのか。医学的には、うつ状態とか、適応障害といった診断がありますが、そういった診断がつくものは、原因もはっきりしていることが多いです。ところが、なかには、はっきりとした原因がないのに、「やる気」や情熱が失せたようになる人もいます。

こうなる場合のほとんどの原因は、他の人間のネガティブな想念のエネルギーを受けてしまったときです。**他者からの怒り、憎悪、妬み、嫌悪などの負の想念のエネルギーを強く向けられると、人は「やる気」や情熱を発揮できなくなる**のです。こうした負の想念のエネルギーのことを生霊《いきりょう》といいます。人間関係のこじれ、もつれ、もめごとなどがあって、他者からの恨みや憎しみの強い念をあびることは、魂を磨くうえで大きな妨げとなるのです。これを解除する方法は第四章で解説します。

魂向上法③　周囲と和合する

●対人関係の苦悩から解放されるには？

魂を磨くうえで人との和合は重要です。**周囲の人と和合することは、魂の三局面のうち、愛の局面の発達につながっています。**人は誰でも自分の人生物語の主人公です。その物語において周囲の人が敵ばかりであれば、幸せな人生にはなりません。それは争いに満ちた修羅の世界となります。

そして、他者を苦しめたり、困らせたり、悩ませたりすることを積み重ねれば、因果応報の法則が働いて、やがて自分自身の身に、同じような苦しみや困難や悩みがふりかかってくることになります。他者を不幸にすれば自分にも不幸がめぐってくるのです。

反対に、他者を楽しませたり、喜ばせたり、安心させたり、満足させたりすることを積み重ねれば、因果応報の法則が働いて、やがて自分自身の身に、同じような楽しみ、喜び、安心、満足が戻ってきます。他者を幸せにすれば自分にも幸せがめぐってくるのです。

この因果応報は、前世、今生、来世と生まれ変わりを通して作用しているので、前世の影響は今生に及び、今生の影響は来世に及ぶのです。今生に影響を及ぼすのは一つ前の前世での行為だけではありません。その前の前世、さらには前の前の前世、さらにもっと前の前世でまいた種を今生で刈り取ることもあります。

因果応報で生じる幸運や不運をもたらす運命の力のことを、本書ではカルマとも表現しています。**カルマという言葉にはいろいろなニュアンスがありますが、前世を含めた過去において自分が行ったことに対する、因果応報の作用やエネルギーのようなものとご理解ください。**

著者が前世療法を行った症例でも、数回以上前の前世での残虐な行為で生じたカルマの負債をあがなうために、その後、何度も生まれ変わり、そのたびに、非業の死を遂げていた例がいくつかありました。このような悲惨なあがないをする具体的な行為として、戦争におけるたくさんの殺人や捕虜の虐待、魔女裁判のような拷問、異教徒弾圧などが典型例です。

このような前世を持っている場合、今生の自分として生まれて来るまでに、複数の前世において、死をもってあがなう人生を経ています。そして、それらの前世において、非道な行いによって積んだ罪をあながい続けた結果、今生では（非業の死をまぬがれるけれども）あがないの最後の仕上げ的なものとして、人間関係での長期間に及ぶ苦悩が試練としてめぐってくることが多いようです。

今の自分をとりまく人間関係を観察することで、自分の前世で積み重ねてきた行いが、どのようなものであったかを推定することができます。親子円満、夫婦円満、兄弟姉妹円満、親族円満というように、家族が皆、仲良く調和していて、職場や学校など、身のまわりに、信頼できる味方がたくさんいる人は、前世で、他者に対して愛のある行いをたくさん実行してきた人です。

今のあなたを助けてくれたり、支えてくれたり、勇気づけてくれるような人は、そのほとんどが、前世で、あなたが助けたり支えたり、救った人の生まれ変わりです。あるいはお互いに助け、支えあった同士や仲間や親友などの生まれ変わりなのです。こうした良きご縁で結ばれている人のことを「ソウルメイト」といいます。

反対に、今のあなたを困らせたり苦しめたりする人がまわりにいるとしたら、前世でこしらえたカルマの負債がそれだけ残っているということになります。前世や前前世で行った内容によって、職場や学校の人間関係で苦しむ形であったり、あるいは、家庭内で家族との人間関係で苦しむ形であったり、あるいはその両方であったり、現れ方はさまざまです。

前著『魂の黄金法則』で解説した事例ですが、前世で、とある宗教の司祭であったとき、「異教徒を弾圧し、命を奪った」という人がいました。このケースでは、自分が前世で迫害した人々が、職場の上司や同僚として生まれ変わっていたのです。その環境で、今度は自分が長期間にわたって冷遇されるという形で、カルマの負債を返済していたのです。

今生での人間関係の苦しみとは、偶然の産物でもなければ、今生だけの問題でもありません。長い生まれ変わりの歴史のなかで、あなた自身が積み重ねてきた善い行いや悪い行いの結果なのです。

もちろん、生まれてきた後の家庭環境や親の育て方が、性格の形成に影響を与えて、それが成長してからの対人関係を左右することは確かです。しかしながら、そのような家庭環境や親のところに、なぜ、自分の魂は生まれ変わってきたのか。なぜ、そのような育てられ方になる境遇に生まれつくのか。それは、すべて前世からの因果応報なのです。

対人関係の環境は、前世を含む過去からの因果応報の結果であり、決して偶然の産物ではないのです。このことがわかったら、次にどうするかです。これも運命なのかとあきらめてしまう必要はありません。因果応報の法則を本当に理解した人は運命に対してあきらめたりはしないのです。

なぜなら、**わたしたちは、ただいま、ただいまの刻々の、この瞬間において、新しいカルマを次々にこしらえているのであって、それが未来を創造していく**からです。それが良い種まきなら、未来において良き果実が収穫されるのであり、悪い種まきなら、未来において悪い結果を刈り取ることになるのです。

対人関係の環境において、あなたを苦しめる向かい風が吹いていようと、あるいは、あなたを応援する追い風が吹いていようと、あなたが、ただいま、ただいまの目前に心がけていくことは同じです。それは良い種をまくことだけです。そして、火の粉がふりかかるような災難が、あなたの目の前にあるとしたら、前世の因果応報なのだから仕方ないなとあきらめてはいけません。

対人関係を含む、あらゆる人生の問題は、それを解決する努力をしていく過程で、あな

たの魂を磨いてくれる砥石なのです。問題の解決の方法は、さまざまにありますが、何もしないという選択ではなく、問題を解決できる選択をしましょう。

たとえば、あなたに対して、攻撃、嫌がらせなどの悪意を向けて来る人がいるなら、その人と距離をとって、離れてしまうことも問題の解決方法の一つです。あるいは、訴訟や告訴などの法的手段をもって相手と戦い、ふりかかる火の粉を払うことも問題の解決方法の一つです。学校や会社なら、転校や転職で解決できることもあります。夫婦関係なら、和解するための努力を重ねるという選択もありますし、離婚する選択もあります。毒親なら、遠くに引っ越してかかわりを減らす対処法もあります。

重度の対人関係の苦しみの場合は、問題の相手から離れてしまうか、とことん戦ってねじふせるか、ねじふせるかわりに泣き落としで相手のやり方を変えさせるなどの、なんらかの具体的な解決手段をとることが必須です。その努力のなかで、あなたの魂の三局面も磨かれていくのです。

●人間関係の修業で魂が進歩向上する

もし、親の育て方に問題があって、そのためにあなたが愛着障害やパーソナリティ障害の傾向を持つに至ったとしても、親が悪かったと、親のせいにして、あきらめてはいけないのです。まず、その親の子として生まれてくるだけの原因が自分にあったということに思いを致すことです。そして、親を責める方向に考えるのではなく、いかにして、自分を愛着障害やパーソナリティ障害から立ち直らせていくのかに、目を向けていくことが大切です。

あなたが魂を磨く生き方を心がけるようになると、あなたの人格は向上します。それはあなたの霊格が向上することを意味します。霊格の高い人は、死後、天国界により近い高い霊界に住むので、幸せに満ちた霊界生活を送ることができます。霊格の低い人は、死後、地獄界により近い低い霊界に住むので、苦悩の多い霊界生活を送ります。これは、あの世の世界は、類は友を呼ぶという法則がきわめて厳密に作用しているためです。

つまり、あの世では、明るい心の人、温かい心の人、軽やかな心の人は、そのような人同士で集まるし、反対に、暗い心の人、冷たい心の人、重たい心の人は、そのような人同士で集まるのです。この法則が厳密に働いて、さまざまな霊界が存在するのです。天国のような霊界から地獄のような霊界まで無数の霊的階層に別れて、霊たちは霊界生活を送ります。そして、一定の期間を経ると、この世に生まれ変わって修業します。

図1　霊界構造図

天国界

●天国界上層部まで向上できた霊は守護霊の資格を与えられ、生まれかわりを卒業できます。

●生前、行動によって積善をたくさん重ねると天国界に参入することが許されます。

●たくさんの霊的階層（霊層）に分かれています。上の霊層ほど、明るく温かく、軽やかで澄んだ心の世界。

中有界

●中有界の上層ほど天国界の心に近くなるので上の霊層に行くほど幸福感に満たされます。

●意志と想念の内容によってたくさんの霊層に分かれています。下層に行くほど苦悩の感覚がしだいに大きくなります。

●生まれかわりをくりかえして修行中の霊の多くは中有界に滞在し、数百年前後で転生することが多い。

●心の状態がそのまま現れるため上に行くほど高級住宅街や美しい都市のようになり、下に行くほどスラム街に近くなります。

地獄界

●地獄界に落ちるのは、自他の命をうばったり長年にわたり、他者の心身を苦しめ困らせるなどの悪行を重ねた霊。

●たくさんの霊的階層（霊層）に分かれています。下の霊層ほど暗く、冷たく、重たくて濁った心の世界。

●中有界とちがい、地獄界に落ちると何百年も脱出できず、罪の重さによっては何千年もの苦役が続く。地獄界の霊にとって生まれかわれるチャンスがもらえることは大いなる救いです。

ここで、なぜ、霊界の様子を説明したのかというと、この世とあの世の大きな違いを理解して頂きたいからです。**あの世では、自分の周囲には自分の同類しかいません。自分と似たような感性、似たような価値観、似たような思考様式の霊ばかりがいるのです。**それはストレスの少ない環境かもしれませんが、反対に刺激がなく、変化に乏しい環境ともいえるのです。これが、霊界生活のなかで進歩向上することがこの世と比べると難しい理由です。ある霊的階層に落ち着くと、そこから上昇するのがたいへん困難なのです。

一方、この世でも、類は友を呼ぶの法則は作用していますが、あの世ほどではありません。この世でも同じ趣味の人が集まったり、同じ価値観の人が団体を作ったりするような現象はあるものの、基本的には、この世では玉石混淆です。家族の中でもひとりひとり、性格も違えば価値観も違います。同じ親に育てられた兄弟姉妹でもひとりひとり個性があって、性格も行動様式もすべて違います。社会に出て活動すれば、その多様性ははるかに広がります。

この世では、自分とはまったく違う考え方や価値観の人が、すぐ近くにいるのです。これは大きな刺激になり、魂の進化を促すきっかけとなるのです。それゆえに、この世での一生涯は、霊界での数百年に匹敵するのです。この世で苦しみながらも人生を生きるほうが、魂としては早く進化できるということです。

人間関係で思うようにならないことがたくさんあるということは、魂を磨いて進化していくための素晴らしい砥石があるのと同じです。それらの試練を乗り越えて、人生の理想を遂げようと前向きに進んでいくことで、わたしたちは魂を磨いていくことができるのです。

このように、人間関係の苦悩の根源は前世からのカルマの負債にあり、そのあがないの苦労を乗り越えることで、魂が磨かれるのです。

それでは、対人関係の問題解決を通して魂を磨いていく際に、どのような指針を持てばよいのでしょうか。

他者を楽しませたり、喜ばせたり、安心させたり、満足させることは、良き種まきとなります。このような良い行いのことを積善といいます。一方、他者を苦しめたり、困らせたり、悩ませたりすることは、良くないことであり、これを積不善といいます。

積善の果報は幸せをもたらし、積不善の果報は不幸をもたらすのです。**四書五経の一つである『易経』の中に、「積善の家には余慶《よけい》あり、積不善の家には余殃《よおう》あり」**（**善行を重ね**

る家には慶事が増え、不善を重ねる家には災いが増える）という教えがあります。ですから、対人関係において積善となる行いを心がけるべきということになります。

●対人関係で積善を実行するには？

では、どうやって具体的に対人関係での積善を行えばよいのでしょうか。それにはまず、「人情の機微」というものを理解することです。人間は、自分に安心、満足、喜びなどの快適な感情を与えてくれる人に惹かれるものです。反対に、安心を損ない、満足をさせず、喜びを奪うような相手からは、気持ちが離れていくものです。

そして、安心、満足、喜びを与えるには、相手に愛の念を向ける必要があります。

愛の念とは、相手の幸せを願う想念であり、具体的には、喜んでもらえますようにとか、安心してくれますようにとか、満足して頂けますようにという想いのことです。そのとき、心の奥に打算があれば、それはほんとうの愛の念となりません。「見返り」を求めない真の愛の念を出すために、真心が大切となります。

すなわち、**他者に対して、愛の念と真心をもって接していくなら、おのずから、相手に安心や満足や喜びをもたらす言動につながっていく**のです。アドラー心理学の創始者であるアドラー博士は、「相手を勇気づける」ことが重要であると教えています。勇気づけの反対はダメ出しです。他者に向かうときにダメ出しを少なくして、勇気づける言葉を多くすれば、人間関係を好転させることができるでしょう。

このような心がけを持つと、自然と周囲の人々と和合するようになります。周囲の人と和合して調和を生み出すには、自分の我欲ばかりを前面に出していては、それはできません。自分の意見や要望を相手に伝えることは、対人関係において大事なことですが、いかにしてそれを調和の中で行うかです。そこで大切になるのが、自分の中に軸を持つことです。

自分の生きる目的は魂を磨くことであると悟り、対人関係を通じて魂を磨いていることを理解する必要があります。そして、魂の向上という観点から、周囲の人とのかかわり方を選択するのです。

そのとき、**もし、思考の軸が自分ではなく、他者のほうにあれば、他者の思惑ばかり気**

にしたり、ふりまわされたり、他者のわがままに引きずられたりします。周囲の顔色ばかり見て、他者の言動で一喜一憂したりします。これでは、心は平穏とはいえません。不安や心配ばかり湧いてきて、落ち着かない毎日となるでしょう。

このような**他者を軸とする生き方では、幸せになることはできないのです。そうではなく、自分を軸とする生き方を確立する**ことが大切です。自分の思考や自分の価値観を中心に据えて、自分軸で生きることです。他者の思惑や他者からの評価などにふりまわされないようにすることです。そのためにも、自分の中にある承認欲求を手放す必要があります。誰かに承認されたい、認めてほしいという欲求のことを承認欲求といいますが、これを他者に向けてしまうと、他者を軸にする生き方になってしまいます。

他者を軸にする生き方を手放し、自分を軸にする生き方にシフトし、承認欲求から離れることが大切です。そして、**魂を磨くことを自分の軸にしていくなら、対人関係の苦悩は大幅に減らせます。前著『魂の黄金法則』では、普遍的信仰心を持つことをめざして、神様を軸にする生き方に到達することが最上であると説きました。**

他者から言われた言葉に悲しみ、怒り、傷つき、悩む。そんな体験は誰にでもあることでしょう。そのときこそ、**他者の思惑や評価や思考などは、他者の課題であって、自分の課題ではないということを悟ることが大切です。**人はそれぞれの思考の色眼鏡を通して世界を見ていて、物事の価値の基準も判断の基準も、人それぞれで違います。

他者があなたのことをどう思おうと、どう評価しようと、それは他者の課題です。あなたの課題ではないのです。**他者の課題と自分の課題を明確に分けることを「課題の分離」といいます。**アドラー心理学では「課題の分離」を重視しています。いろいろな心理学の流派がありますが、前世療法から導き出される世界観にもっとも符合するのが、アドラー心理学です。魂向上実践塾の塾生には、対人関係に関しては、アドラー心理学を参考にするようにアドバイスしています。

●自分を軸にする生き方から魂を磨く生き方へ

他者を軸にせず、自分を軸にした生き方を目指すという話をすると、「それは自己中心になれという意味でしょうか？」と質問されることがあります。自己中心主義ではそもそも周囲の人と和合することなどできません。

自分を軸にするとは、他者の思惑に支配されることから脱却するという意味であり、また、他者に認められたい、評価されたい、ほめられたいという承認欲求を手放すという意味です。それは、慈愛や思いやりを捨てることではありません。他者への共感を捨てることではありません。それどころか、他者の心情を汲み取る共感力がなければ、他者に対して、安心、満足、喜びなどを与えることはできません。

ほんとうの慈悲や思いやりに満ちた人は、自分が悪者呼ばわりされたり、けなされたり、批判されたりすることを怖れず、他者を救うために必要と思われる言動を勇気をもって行うことができるのです。たとえ自分が損をするかもしれない状況であっても、人としてなすべき善行を「見返り」を求めることなく行うことができるのです。

他者に対しては、「己の欲せざるところ、人に施すことなかれ」(自分が人からされたら嫌だなと思うことは、人にしてはいけません)という『論語』の教えを基本にすれば、自己中心主義に陥ることを防ぐことができます。

周囲の人と和合する修養は、魂の三局面のうち愛の局面を発達させます。神道の四魂の考え方でいえば、和魂《にぎみたま》と幸魂《さきみたま》を開発していることになります。また、人間心理を理解し、人情の機微を学ぶことは、叡智の側面を磨きます。そして、愛する努力を忍耐強く継続することで、意志の側面も磨かれます。

前世から持ち越した積善の貯蓄がたくさんある幸運な人であっても、人間関係で苦悩することがまったくないということは考えにくいことです。多様な霊格の人が玉石混淆して生きているこの世において、何かをなそうとすれば、そこに必ず、なんらかの人間関係での苦労がついてくるものです。

そして、人間関係の苦労を克服し、乗り越えていくことは、魂の三局面をバランスよく磨いていくことに直結しているということです。その意味においては、**あなたの周囲にいる人たちが、あなたの思い通りにならないことは、恵みでもあるということです。思い通りにならないからこそ、あなたの魂は磨かれて、進歩向上できるのです。**

もちろん、思い通りにならないことをそのままに放置するのではなく、人情の機微を熟知することで相手を導いたり、動かしたりできるようになれば、それが最高の試練の越え方といえます。また、人情の機微について理解が深まるほど、自分の性格の歪みや考え方の悪いクセに気づき、改めていくことができるかもしれません。相手も自分も、より良い方向に育てることができれば、それは大きな積善を達成したことにもなるのです。

ところで、世の中には感謝をすることを知らず、報恩の精神がまるでない恩知らずな人間もいます。中には恩を仇《あだ》で返すような者もいます。あなたが、周囲と和合することの重要性を悟って、愛の念と真心で人々に接したとしても、その善意に応じることのない人物もいるでしょう。

そんなとき、もし、相手によく思われたい、相手に好かれたい、といった動機で行動していたのであれば、虚無感にとらわれるかもしれません。しかし、あなたが、**魂を磨く生き方を軸にして、あなた自身の魂の向上のために、愛の念と真心で周囲の人々に尽くしたのなら、相手がどう反応しようと、気にする必要はありません。あなたの善意にどう反応するかは相手の課題であり、あなたの課題ではないのです。**

あなたが行った積善は、やがて積善の果報となって、あなたの元にめぐり戻ってきます。眼の前にいる人物から戻ってこなくてもよいのです。繰り返しますが、眼の前にいる人物がどう反応するのかは、相手の課題であり、あなたの課題ではありません。ですから、周囲と和合することをめざすとき、「見返り」を求める必要はないのです。

対人関係の苦悩に関して、同じような苦しみを何度も繰り返し味わう場合、それは、前

世から抱えてきたカルマの負債がまだたくさん残っていることを意味します。たとえば、職場で人間関係に苦しんだ末に転職をしたところ、転職先でもまた似たような人間関係の苦しみに直面する、という場合です。あるいは、恋愛において、いつも同じような問題のある人と付き合って苦しい想いを繰り返し味わう場合です。

この世における人や運命のめぐりあわせのことを仏教では因縁といいます。これは、結果を引き起こす直接の内的原因である因と、それを外から助ける間接的原因である縁をあわせた言葉です。仏教ではすべての物事は因縁によって生じると説明しています。

この因縁の根源にあるのが、因果応報の法則です。前世を含む過去からの原因と結果の法則です。同じような対人関係の苦労を繰り返すのは、あがなうべき前世のカルマの負債がそれだけ大きいからなのです。**対人関係運が悪い、異性運が悪い、と表現されるような、好ましくない人間関係の繰り返しは、決して偶然ではないのです。**

しかしながら、カルマの負債は苦しい体験をすることで、しだいに解消されていきます。なので、悪い傾向がどこまでも同じレベルで繰り返されるかというと、必ずしもそうではないということです。似たような体験をするにしても、一度目より二度目、二度目よりも三度目、三度目よりも四度目と、回を重ねるごとに、その苦しみのレベルは緩和されていくことが多いのです。

そして、**あなたが対人関係で良き種まきをする心がけで生きるなら、その積善の果報がやがてめぐってきます。その結果、より早く、悪い因縁の傾向は、軌道修正されていくことになります。これは積善によって運命を好転させたということです。**

反対に、自分の不運を呪い、周囲に当たり散らし、ますます誰かを苦しめたり、困らせたりするようなことを繰り返すなら、悪い種まきをしていることになります。これでは、自分で自分の首を絞めているような結果となるばかりです。

●怒りや恨みの念は自分の人生を破壊する

注意すべきは怒りや恨みの念です。周囲と和合するという魂の修業がもっとも困難になるのは、その人が強い怒りや恨みの想念を抱え込んでいる場合です。怒りや憎悪は、破壊的なエネルギーです。人同士の調和を妨げます。過去にいじめられたことで、自分を迫害した相手のことを激しく憎悪している場合。あるいは、親に虐待されてきたために親のことを強く恨んでいる場合。そのような強い恨みのエネルギーは、幸せになることを邪魔し続けます。

強い怒りや恨みや憎しみの想念は、生霊《いきりょう》を形成します。生霊とは自分の霊体の一部が分身のようになって、相手に飛んでいって呪い続ける現象です。生霊を受けた人は、その負のエネルギーによって運勢は下降します。生霊の影響でちょっとしたことでイライラしたり、情緒不安定になったり、物事への「やる気」や情熱が失せたような状態になることが多いです。

そして、生霊を出した側も、意識の一部を特定の対象に向けて放出したままになるので虚脱状態になります。そのため、生霊を出した側もまた、気力が低下し、「やる気」が失せ、情緒不安定になります。その結果、運勢は下降し、幸せから遠ざかるのです。このような状態で、周囲と和合するという魂の修業がスムーズに実践できるわけもなく、人生全般に行き詰まるようになるのです。

それだけではなく、怒りや憎悪をいつも心に抱いている人が死ぬと、幸せな霊界に行くことはできません。怒りや憎悪にとらわれた状態では、怒りや憎悪にまみれた霊界に行くことになります。怒りや憎悪とは、それほど破壊的な波動なのです。生きているときの自分の人生も破壊し、死後の世界でも決して幸せになることができないのです。まさに「人を呪わば穴二つ」ですから、なんとしても怒りや憎悪を手放す必要があるということです。

怒り、憎しみ、恨みなどを伴う負の想念を抱き続けることは、魂を健全に磨いていくうえで、大きな障害となります。これらの負の想念を手放す以外に解決策はありません。では、どうすればこれらの強いマイナスの想念を手放せるのでしょうか。

それは、因果応報の法則を深く理解し、**すべての苦しみは、前世からの因果応報の結果だったのだということを受け入れるしかないのです。苦しむことによってカルマの負債を返済できたのだと受け止め、嫌な記憶とともに、負の想念を手放す努力を続けるしかありません。**そして、過去の嫌な記憶に焦点を合わせて生きるのをやめて、ただいま、ただいまの目の前のことに集中していくことです。今と未来に心を向けて生きることです。

たとえば、同居している親や兄弟姉妹などの身内と犬猿の仲だったり、家庭内離婚のような状態だったり、毎日、顔を合わせる環境なのに、あえて無視をしたり、接触を避けたり、声をかけることをしないような状態にある場合、そうした行動が、積不善として日々に積み重なり、やがて自分自身に苦難となってめぐってくることになります。

どうしても相性が悪いなら、別居するなど、物理的に距離を置くことで、負の感情を続々と生産することがないように、けじめをつけるしかありません。そうすることで積不善を最小限度に抑えることができます。そして、積善につながる、より良い対処法は、こうした不仲な相手ともできる限り和合することです。そのためには、相手の態度がどうであろうと、それにふりまわされず、いつも一定の態度で、笑顔で温かい声かけを続ける必要があります。同時に、理不尽な要求に対しては、それはできないということを明確に伝えることも大切です。

そうはいっても、自分の努力だけで、強い負の想念を手放すことは非常に困難です。どうしても手放せないと苦しんでいる人も多いです。その場合も解決の道は存在します。それは、天佑神助の力を得ることで不可能を可能に変えることです。負の想念を手放すことだけではなく、周囲と和合すること、才能を伸ばすことなど、あらゆる面において、魂の進化を促進させることができます。その方法については、第四章で詳述します。

●偽善に陥らないためにどうすればよいか?

周囲と和合する修業は、積善の実践としての意味がありますが、ここで、もう一つ大切なことがあります。それは、**他者を支配したいという欲求を手放すことです。他者の自由意志を尊重するということです。**相手に良かれと思って、あなたが何らかの親切や奉仕をしたとき、「自分の親切や奉仕に対して見返りを求める心」がないようにしましょう。「見返り」を期待する心があると、相手の反応が気になり、思い通りの反応をしてくれないと不快になるかもしれません。

そして、「見返りを求める心」をもって善なる行いをしても、それは偽善になり、積善としてカウントされません。「見返り」を得るために相手に益する行為をしたのであり、交換条件にもとづく、利己的な行動です。愛と真心による行いではないため、積善にはならないのです。ほんとうに積善をしようと思うなら、いっさいの「見返り」を求めない気持ちでしなくてはなりません。

相手に対する「見返り」を求める心が強い場合、その状態でなされた行いは、すべて偽

善になるので積善の果報も授かりません。「わたしがこうしてあげたのだから相手はこうすべきだ」という、相手に対する「見返り要求」の心がある限り、あなたはほんとうの積善はできていません。

あなたが求める「見返り」には、職場の上司や部下や同僚、友人、恋人や配偶者、親や子や兄弟姉妹などの身近な人が、あなたの理想とするようなふるまいや言動や姿であるべきという要求が含まれているかもしれません。しかしながら、人間は自由意志を持って生きています。そして、自由意志で行動する結果として、それぞれの因果応報を受け取ります。

誰でも善因善果、悪因悪果となる因果応報の法則のままにこの世で生きて、人生をまっとうし、死んでいくのです。死後の世界では、この世で行った積善や積不善の結果やこの世で磨きあげた霊格に応じた霊層に振り分けられ、霊界生活を過ごします。そして、数百年（ケースによっては数十年）で、またこの世に生まれ変わります。その生まれ変わりの行く先は、前世で行った積善と積不善の内容に見合う国、民族、家族、親のもとに転生します。こうした天地自然の法則にすべておまかせしてよいのです。あなたが、彼はこうすべきだ、彼女はこうすべきだ、あの人はこうすべきだ、と周囲に自分の理想像をおしつけるのはエゴイズムなのです。それは自己中心な思いでしかありません。自分の正義で他者を裁く行いであり、裁いた分だけ相手に向ける愛の念はなくなっていきます。その気持ちで何をしても愛と真心の欠如した行いになりますから、まさに偽善しかできないことになるのです。

あなたの魂を磨く修業のために、あなたのまわりにいろいろな人が用意されているのです。その人たちはあなたの思い通りにならないことがほとんどです。思い通りにならないからこそ、あなたの魂を磨けるのです。なんでもすいすい思い通りに運ぶ人生であれば魂はまったく磨かれず、向上しません。それではこの世で修業する意味がありません。周囲と和合し、他者に向けて親切や奉仕を行うとき、その行いに対する「見返り」はいっさい期待せず、結果はすべて神様におまかせしてよいのです。**「積善とは見返りを求めない善意による行い」という真理を悟れず、他者を支配したいという支配欲を手放せないままだと、人生は苦悩に満ちたものになります。**

周囲を自分の思い通りにしたいという欲求が強い人は、他者を支配したいというパーソナリティの歪みを抱えていることが多いです。これは「強迫性パーソナリティ」や「自己愛性パーソナリティ」というものです。自分が考えるルールや理想や正義に、まわりを従わせたいと考えてしまう未熟なパーソナリティです。独善的といえるものであり、マイルールの押し付けです。

この気持ちで善なる行いをしても偽善になります。なぜなら、「わたしがこうしてあげたのだから、お前はこうすべきだろう」という押し付けの気持ち、相手を支配したい欲望が潜んでいるからです。このような気持ちは、ほんとうの愛ではありません。ほんとうの善ではありません。ほんとうの真心ではありません。すべて、交換条件の心を隠した打算の行いです。それは美しいものではなく、醜い心なのです。この間違いを悟り、生き方を変えていく必要があります。

他者と自分とのあいだに適切な境界線を引いて、課題を分離し、他者の自由意志や価値観を尊重できる寛容な心になれるように、心がけることが大切です。そして、神様の御心にかなう愛と真心を会得し、ほんとうの積善の生き方にめざめることが大切です。

ほんとうの愛の念を相手に向けるためには、深い人間理解が必要です。対象となる人物が、どのような気持ちで言動したのか。人の言葉や行動の背後にある、その人の心を洞察できる能力を磨いていかねばなりません。人の心の動きを克明に描いている小説を読むことは、この洞察力を鍛える良い訓練になります。

また、コラム1でとりあげた愛着障害やアドラー心理学について学ぶことも、人間理解を大きく助けます。これに加えて、パーソナリティ障害についても、学んでおくとさらによいでしょう。パーソナリティ障害に関しては、『マンガでわかるパーソナリティ障害』(岡田尊司 著)が初心者向けでわかりやすいです。

●問題のある親と、どうすれば和解できるのでしょうか？

周囲と和合するという魂の修業のなかでも、親との和合について難渋するケースが多いです。もともと親子関係が円満な場合は、親も子も、愛着障害やパーソナリティ障害の傾向がないことがほとんどです。これに対し、なにがしかの親子関係の問題を抱える場合は、そこに必ずといっていいほど、愛着障害やパーソナリティ障害の問題が潜んでいるものです。

とりわけ、親を許せない、親と理解しあうことができない、という苦悩を抱えている人は、親のどちらか、あるいは両方に、性格の歪みの強い人がいる場合があります。たとえば、自己愛性パーソナリティ障害や強迫性パーソナリティ障害などの傾向を持つケースです。こうした親は、自分の意見を子に押し付けたり、自分の価値観に従うことを子に強要することが多く、さらに、子に対して共感的、受容的に接することができません。

そのため、子は長年にわたって、「自分は親に愛されていない、自分は親に理解してもらえない、自分の気持ちはわかってもらえない」という鬱屈を抱え込んでいます。親の過干渉から逃れるために、成人後は親との物理的距離をとって自分を守るようになりがちです。このような行動は自分を守るためのやむを得ない自衛行動といえるものです。

しかしながら、**魂を磨くという観点から考えると、親に対して、心に壁を作り、物理的にも障壁をこしらえて断絶状態にすることとは、最善の策とはいえません。**親の性格によっては、どうしても物理的に断絶状態にする以外に身を守ることができないケースもあります。そうした難しいケースも含めて、魂を磨くという観点から、やっておくほうが良いことは何か。それは、親の幸せについて心から祈るという、内面世界での和解を達成することです。

現実的に親と完全に和解、和合して、理想的な親子関係を再構築できるなら、確かに理

想的ですが、そこに至ることができないことも多いです。一方で、自分の内面世界において、親と和解し、和合するということなら、誰にとっても、決して不可能なことではありません。まず、内面世界における親との和解を達成することが、魂の進歩向上であり、あなたの霊格、霊層を向上させるのです。

では、どうすれば、内面世界における和解ができるのでしょうか。そもそも、和解できない気持ちになるのは、親に対する未解決の感情があるからです。それは、理解してほしいのに理解してくれない、自分が願うように言動してほしいのに、してくれない、という気持ちです。これは、相手を自分の思い通りに支配したいという気持ちであり、承認欲求のひとつなのです。この承認欲求を手放していくことが重要です。

相手に対する承認欲求を手放し、わかってもらいたい、わからせたい、という強い衝動をいったん捨てる必要があります。そして、未熟で歪んだ人間として見えている親という存在を、ありのままに見つめ、存在を許容するのです。そのためには、因果応報の法則と生まれ変わりについて思いを致し、自分はなぜこの親の子として生まれてきたのだろうかということを、魂を磨く観点から考えなければなりません。

わたしたち人類においては、この世のすべては因果応報の法則によって動いています。**自分を苦しめるような親の子に、どうして生まれてきたのか。それは、前世の自分が、我が子を苦しめるなにがしかの言動をしていたからに他なりません。その意味では、問題のある親の姿とは、前世での自分の姿の一端を現わしているものといえるのです。**一つ前の前世での自分とは限りません。数回あるいはもっと前の、今よりもはるかに未熟だった自分の姿かもしれません。

いずれにしても、前世で自分が他者にしたことが、生まれ変わった後の自分に戻ってきているということです。これが因果応報の作用です。この作用のおかげで、わたしたちは魂を磨くための貴重な学びとして、さまざまな体験ができるのです。その意味で、目の前にある親子関係とは、貴重な学びのために、自分に与えられたものといえるのです。

カルマの解消としての側面ばかりを見ると、苦しみを単なるペナルティのように受け止めがちです。そうした見方はあまりにも浅い理解です。因果応報の法則によって魂は磨かれるということを悟れば、あらゆる苦悩も試練も、魂の成長の糧であるという見方ができるのです。

あなたが親から受けた仕打ちによって感じた悲しみや苦しみ、そして、あなたが求めていたのに親から与えてもらえなかった安心、満足、喜び。それらは、魂にとって貴重な学びなのです。されて嫌だったことを、あなたは、他者に対して行わないという選択ができます。そして、してもらいたかったことを、あなたは、他者に対して与えるという選択ができます。

このように、試練を自分の進歩向上に役立ててこそ、因果応報から魂が学んだことになります。今生において、あなたを苦しめた親とは、そのための反面教師として、あなたの目の前に出現したということもできるのです。すべての試練は魂を磨く砥石なのです。親から与えられなかったものがどれだけ大切なものだったのか、あなたは知っています。それは、あなたがこの人生で他者に与えることのできるものなのです。

このような深い悟りを得たとき、目の前にいる未熟な魂である親という存在もまた、因果応報の法則によって、魂を磨いている最中なのだということが、わかるようになります。今生では親という立場ですが、もしかすると、あなたよりも、生まれ変わりの回数の少ない、未熟な魂なのかもしれません。この観点が持てると、ありのままを見て、存在を許容することができるようになります。

すると、「親である○○さんの魂が進歩向上して幸せになりますように」という祈りができるようになるのです。言葉だけでなく、**心の底から、親の魂の向上と親の幸せを祈れるようになったら、内面世界においては親との和解は達成できているといえます。親とのあいだに問題を抱えている人は、まず、この段階まで到達することをめざしましょう。**

そうすることによって、いつの日にか、現実世界においても和解できるときがくるかもしれません。仮にそこまで至らなかったとしても、内面世界においての和解が完了できたとしたら、魂としての親との和合の学びはクリアできたことになります。

●自殺は最悪であり絶対にしてはならない

とある有名人が家族を巻き込んだ自殺未遂を起こし、「自分は仏教の敬虔な信徒で死に対する恐怖はない。自殺が悪いことだとは考えていない。輪廻転生を信じ生まれ変わりはあると考えている」と答えたという報道がありました。これはたいへん間違った考え方であることを明記しておきます。

自殺は、他殺と同じぐらいに罪深いことなのです。なぜなら、わたしたちは、魂を磨く学びの機会として、この世へ転生することを神様に許されて誕生しているのであり、自分で勝手に命を断つことは許されないことなのです。天寿がある限り、この世で魂を磨くのが宇宙創造主の御心にかなう生き方です。この世で嫌なことがあったからといって、そこから逃避するために自殺しようとすることは、もっとも罪深い愚行なのです。

戦国時代の清水宗治《しみずむねはる》のように、城内の家臣やその家族の助命嘆願のために切腹して自害するケースや、戦時中の特攻隊員のように郷里の家族や国民の命を救うため、敵艦に特攻攻撃をして命を落とすケースの場合は、ここでいう自殺に当てはまりません。これらは、利他のため、人の命を救うために、それ以外に方法がない状況の下で死を選ぶものです。とある有名人のように、世間からバッシングされたことを苦にして逃避的に死のうとするものとはまるで違います。

辛いことや嫌なことから逃げるために自殺するというのは、究極の利己的行動です。せっかく神様から与えられたこの世での人生をみずから放棄して、魂を磨くチャレンジから逃げるということですから、これはエゴイズムなのです。

もし、慈愛や利他の想いがあれば、生きぬいてこの世でなすべき善行はいくらでもあるので、寿命の続く限り生きようとするのです。「生きるのがしんどいから、早く死にたい」と考えることは、人生において誰にでもありうることですが、これは利己心から発する悪想念なのです。

自殺をすれば、死後、相応のつぐないが待っています。自殺者の行く地獄界で、つぐないと反省をすることになります。そして、次の生まれ変わりでは、似たような苦難を再び身に受けることになります。そして、今度は自殺せずに乗り越えるという課題を与えられることになるのです。

コラム2

国民が豊かになり、少子化が解消される話

日本は今、少子化が進行しています。総務省が発表した15歳未満の子どもの推計人口（2022年）は、前年より30万人少ない1435万人で42年連続の減少です。総人口に占める子どもの割合は11・5％で人口4000万人以上の36カ国の中で日本が最低です。

少子化の最大の原因は、適齢期の男女の平均年収が下がって、約半分が結婚できなくなっていることにあります。結婚が激減していることは政府の統計発表で明らかなのです。若者が結婚できるだけの年収を得られるような社会に戻せば、少子化はただちに止まります。

どうすれば、若者の年収が増えるかといえば、政府が積極財政を実行すれば良いのです。**積極財政とは、税金を安くして、政府の支出を多くすること**です。具体的には、消費税を廃止すること。そして、社会保険料の徴収を廃止すること。こうするだけで、若者の手取りは増えるのです。

消費税が高いと、企業は、正規雇用を増やさず、派遣労働者でまかなうようになります。派遣は外注なので、消費税がかからない支出になるためです。現在の日本は正規雇用が減り、派遣労働者が増えていますが、その最大の原因は消費税にあります。

消費税がなぜ増税されてきたのかというと、財務省による財政破綻論の宣伝の成果です。財務省の息のかかったマスコミや学者が新聞やテレビでさかんに、「日本は財政破綻するかもしれない。増税をして国の借金を減らさないといけない」と国民をだまし続けてきたためです。実際には、**通貨発行権を持つ主権通貨国である日本が、財政破綻をすることはありえないことです。赤字国債がどれだけ増えても、それは円建ての国債ですから、政府が通貨発行をして返すことができる**のです。

国債発行総額が今の何倍になっても、それは正確な意味での借金ではありません。借金なら、どこかから稼いできたお金を用いて返済をしなければなりませんが、**円建て国債は、政府が通貨発行をすることで、返済が終わる**のです。実際に、すでに発行された国債の半分は日銀が買い取りを終えています。政府の子会社である日銀が、国債を買い取った時点で、すでに返済は済んでいるのです。

日銀が国債を買い取るとき、その資金は、どうやって調達するのでしょうか。それは、キーボードで金額を打ち込むだけです。まさに、打ち出の小づちで、無から有を生むように通貨発行をして、日銀が国債を買い取るのです。ですから、国債の発行とは、事実上の通貨発行なのです。

大量に国債を発行すると、国債の価値が暴落すると主張している人がいますが、これも間違っています。仮に、悪質なファンドが国債を暴落させようとしても、売り出された国債は、瞬時に日銀が買い取りますので、何の問題もないのです。キーボードで金額を打ち込むだけで無限に買い取れるのですから、暴落のしようがありません。「国際社会で円の信任が失われる」云々の言説は、何の根拠もない虚言の類です。

「良い政策を実行しようにも財源がない」とか「日本政府にはお金がない」というような嘘がばらまかれてきましたが、**通貨発行権を持つ主権通貨国である日本は、通貨発行によっていくらでも必要なお金を用意できる**のです。そして、政府がお金を支出すると、そのお金は国民の手元に行くのです。政府の赤字は国民みなの黒字になっていくのです。その反対に増税ばかりして政府が黒字になるなら、国民は赤字になり、貧困化していくのです。

消費税の廃止。社会保険料の徴収の廃止。そして、政府による財政出動を増加させることで日本国内の需要を増やす。こうすれば、景気がよくなり、若者の年収が増えるので、結果的に少子化は止まります。それらの財源も、すべて国債発行でまかなえばよいのです。国債発行は通貨発行なのですから。

日本政府は国民から税金を取り過ぎています。２０２２年の国民負担率は、46・８％です。１９７０年の国民負担率は、24・３％でした。**日本国民は収入の半分を税にとられ、五公五民という過酷な税負担を強いられている状態です。これでは貧困化が進むのも当然です。**

そして、東京に人口集中が起こっていることも、少子化の原因のひとつです。家賃など生活費が高いため、東京にやってきた若者は結婚できないのです。東京一極集中を緩和するためにも、国内の道路交通網を発展させる必要があります。新幹線や鉄道網をすべての都道府県に拡充し、国道や高速道路の車線を複数化して、渋滞解消し、国民が自由に移動して経済活動できるようにすれば、東京一極集中は緩和されます。それらの財源もすべて国債発行（つまり通貨発行）でまかなえばよいのです。

このように、**緊縮財政をやめて積極財政に切りかえるだけで、日本のほとんどの問題が**

解決の方向に向かいます。なぜなら、財源がないことを理由に多くの問題が放置されている状態が、三十年以上も続いてきているからです。少子化対策も防衛費も、増税などしなくても、国債発行を財源として行うことができるのです。防衛費については、すべての武器弾薬を国産でまかなうことが重要です。国内企業に発注してこそ国民にお金が行き渡ります。長距離ミサイルも、防衛システムも、お金をかけてすべて国産で開発することが、経済成長につながるのです。

高齢者への年金支給額も、もっと増やせるのです。医療費や介護費もすべて国債発行でまかなうことができます。**増税も保険料引き上げも、いっさい不要です**。

しかし、緊縮財政を終わらせて積極財政に軌道修正するには、国民がお金について正しい認識を持つ必要があります。テレビニュースでも、いまだに「財源が……」という主張が展開され、視聴者をだましつづけているため、国民の多くが、間違った情報を信じ込んでいる状態です。これでは選挙のたびに、身を切る改革を叫ぶ緊縮財政派の政治家が当選してしまうことになります。

通貨発行権を持つ主権通貨国である日本が、財政破綻することはありえないことを国民に知らせなければなりません。緊縮財政こそが日本衰退の最大要因であることを知らせなければなりません。消費税をただちに廃止すべきことを知らせなければなりません。お金は、政府が通貨発行で無限に生み出せるものなのです。その通貨発行のひとつの形態が国債発行なのです。

日銀を介さず、コインの形で政府が直接、お金をゼロから生み出して使うことも可能です。現在も毎年数億円をコインの形で政府が発行しているのです。理論的には、たとえば、数兆円をコインの形で生み出して使うこともできるのです。

税の徴収とは、発行し過ぎた通貨を政府が回収して消してしまう行為なのです。それはインフレーションが進み過ぎた場合にのみ意味を持つのです。税金は財源ではないのです。財源は国債（通貨発行）なのです。この認識が国民に広く普及すれば、国政の流れも軌道修正されることでしょう。

新聞記事などではいまだに、「国債が財源ではインフレになれば発行制限されて増税や財政削減になる。経済成長を伴わない国債発行は増税要因で社会保険料の負担を増やす。」といった間違った言説がしばしば見られます。

真実は、国債発行は通貨発行なので、必然的に経済成長します。国債を発行して、お金を世の中に供給しているのですから、国民の所得は増え、経済成長は必ず起こります。国債発行はインフレ率が許す限り、永続的に可能です。そして、経済成長を抑制するのが増税や保険料の引き上げなのです。これらは国民の所得を減らすので、経済成長は止まるのです。現状は、「税金は取り過ぎ、財政支出は減らし過ぎ」なのであって、これを逆転させるだけで、日本は富み栄えるのです。

「今は完全雇用で需給ギャップもゼロだから財政出動してもお金は海外に流れる」という主張も見かけますが、需給ギャップはゼロではありません。日本は20兆を超える需要不足があります。アメリカやEUもこの三十年で財政出動によって経済成長しています。経済成長に限界はなく、国が存続する限り、永続的に経済成長は起きます。

政治家の中にも、ようやくこのことに気づいた人たちが現れてきました。「責任ある積極財政を推進する議員連盟」という議連が活動を開始しています。選挙に足を運び、緊縮財政派の候補者（消費税を廃止することに反対の候補者）を落選させることが日本を守ることにつながります。そして、身を切る改革とか、無駄を削減するとか、公務員を減らすとか、改革を叫ぶ人物には要注意です。改革という言葉は、危険な言葉だと思っておいたほうが良いのです。改革をすればするほど、伝統的な人々のつながりが壊れて、国民が貧困化していくのです。

政治家には「改革病」に取りつかれたような人物も多いのです。その理由は、改革を叫んだり、無駄の削減を叫んだりするほうが選挙で勝てるからです。このような言葉は、無知な大衆を騙しやすく、テレビや新聞にも好まれる傾向があります。その結果、平成の三十年のうちに、どんどん「改革」が進み、増税され、国民の貧困化も進んだのです。ほんとうに、国民の生命と財産を守ることができる政治家を、わたしたちは応援していかなければなりません。

税と財源について、理解を深めるには、中野剛志氏の『どうする財源　貨幣論で読み解く税と財政の仕組み』という本が参考になります。

第三章　魂を磨くとは万能をめざすこと

魂に限界はない！　無限の可能性を持っている！

絶えたりと思う道にもいつしかと
しおりする人あらわれにけり
明治天皇御製

魂向上法④ 短所は改め、中庸を得る

●自分の中にある悪いクセを改めるには？

魂を磨くには、長所を伸ばすことを主にしながらも、一方で短所を改めることをあわせて行う必要があります。誰でもたくさんの短所を自覚しているものですが、その短所のすべてを矯正しようとすると、たいへんな労力となり、現実的ではありません。

魂を効果的に磨くには、自分の中にある、いちばん悪いクセから改めていくと良いのです。ところが、自分のいちばん悪いクセが何であるのか。自己を客観視できていないことも多いです。

まず、自分自身のこれまでの人生をふりかえりながら、自分の悪いクセとは何であるかについて、じっくりと考えてみることです。多くの場合、人生のふりかえりを行うことで、自分の中にある悪いクセは自覚されてくるでしょう。

たとえば、怒りっぽい・すぐにカッとなる。物事にこだわりすぎる。依存心が強い。疑り深い。怠け者。軟弱・根気なし。ギャンブル好き。タバコや飲酒への耽溺。夜更かし。お金の管理が下手。異性にふりまわされる。食欲にふりまわされる。朝、起きられない。嘘つき。本を読まない。運動しない。片づけない・部屋が汚い。めんどくさがり。などなど、さまざまな悪いクセがあります。

自分の中にある、もっとも悪いクセが何であるかを見極め、その悪いクセを改めていくことで、あなたの魂のいびつな部分が改善されていくのです。自分の悪いクセがいろいろありすぎて、優先順位がつけられないという場合、周囲の人に聞いてみることも良い方法です。

自分の家族、親、兄弟姉妹、親友、恋人など、近しい人に、「わたしのいちばん悪いクセは何だと思う?」と質問してみるのです。意外な欠点に気づくかもしれません。もちろん、他者の言葉はあくまでも参考であって、最終的には自分で判断しなければなりません。

改めるべき悪いクセが何か、特定できたら、次はそれをどうやって改めていけばいいかを考えてみましょう。たとえば、運動しないという悪い癖があって、最近、太ってきたというのであれば、その流れを変えるために、食生活を見直し、毎日の日課として、何らかの運動を習慣化するなど、できる範囲で対策を講じましょう。

自分の性格に問題があると思う場合は、それをどう改めたいかを書き出して、目につく場所に貼っておくことも良き事です。酒癖が悪いのであれば、断酒したり、飲み方を改めたり、できることを考えてみましょう。お金の使い方に問題があると思うなら、収入の四分の一は必ず貯金すると決めてそれを守るなど、マイルールを作るのです。

このように**自分の中に自己改革のための決まりを作ることを自戒《じかい》といいます。自分で自分を戒めるという意味です。短所を改めるために自戒するのです。**ただし、悪いクセを改める努力は、簡単ではありません。実際にはなかなか改められないかもしれません。それでも、少しずつでも改めていくための試みを続けていくことが大事なのです。その努力はあなたの魂を磨いていることになります。あせらず、じっくりと取り組んでいくことが大切です。

どんな特性や長所も、あまりにも過剰になると弊害が生まれます。たとえば、物事に異常なぐらいに凝り性になるタイプの人がいます。これは、能力を伸ばす上で有利な特性ですが、なかには、過集中という状態になるケースもあるのです。

過集中とは、ＡＳＤ（自閉スペクトラム症）の特性の一つとして知られています。興味のある事柄に素晴らしい集中力を発揮することができる特性ですが、あまりにも集中しすぎて自分で行動がコントロールできなくなることもあるのです。すると、脳が疲労して、心身のバランスを崩したり、無気力状態、虚脱状態になってしまうこともあるのです。

このようなタイプの人は、いかに上手に休憩をはさむか、いかに適切に気分転換をするか、ということに意識を向けていく必要があります。がんばりすぎない工夫が必要になるということです。適度な休憩や気分転換、息抜きを生活に取り入れる努力をすることで、本来の長所を十分に活かして才能を伸ばすことができるようになります。

反対に、怠け癖が強い人もいます。何事にも意欲的になれず、何をやっても中途半端。すぐに挫折してしまう、中途挫折の傾向がある。このようなタイプの人は、魂の三局面のうち、意志の局面が極端に未熟なのです。四魂でいえば、荒魂を磨く修業が不足しているのです。

こうした傾向も、単に意志力、荒魂が未発達であり、未熟であるというだけのことですから、**意識的に、訓練を重ねて、弱いところを強化していく努力をする必要があります。**

何かをやると決めたら最後までやり切るという訓練をするのです。決めたことをつらぬく生き方を心がけるということです。

たとえば、習い事を始めたら、十年間はそれを続けてみる。資格をとるとか、検定に合格するなどの目標を定めたら、成就するまで何年間でもチャレンジし続ける。特定の職種に就きたいと決意したら、絶対にあきらめないで達成するまで努力を続ける。毎日二時間を読書にあてると決心したら守り抜く。ダイエットで目標体重を決めたら、達成までその努力を続けるなど。魂の三局面のうち意志の局面が弱いと自覚するなら、それを克服していくために、具体的な努力の内容を決めて実行することが大切です。

また、魂の三局面のうち叡智の局面が弱いと自覚するなら、それを克服していくために、読書量を増やすことから始めるとよいでしょう。**叡智の局面を磨いていくための中心は読書を含む学びです。普段、読書をする習慣がない人は、ぜひとも、読書の習慣を作るべきです。**毎日三十分の読書から始めるとよいでしょう。良書をくり返し声に出して読む音読は、脳機能の向上にもつながります。たとえば、本書を毎日少しずつ音読すると、理解も深まるのでおすすめです。

特に魂を磨くという観点から、偉人の伝記を読むことは有益です。偉人の伝記は魂を磨く生き方をした人のモデルケースになるのです。日本の歴史上の人物には偉人が大変多いです。

たとえば、聖徳太子、楠木正成、上杉謙信、吉田松陰、明治天皇などに関する伝記を読むことをおすすめします。これらの人々は、義のため、国のため、民のために、崇高な志を抱いて生涯をまっとうした人ばかりです。このほかにも日本の歴史には魅力ある偉人が多数存在しますので、興味の湧いた人物の偉人伝を読んでいくとよいでしょう。

渡部昇一氏の『決定版・日本史［人物編］』という本は独自の観点から日本の偉人を論じていて、読むことでたくさんの学びが得られる書のひとつです。

一方、読書の習慣があり、すでにたくさんの本を読んでいる人の場合、読書は万能ではありません。書物とは、普遍的な知恵を学ぶことができる古典などを除き、基本的には過去の出来事です。いま、目の前に起きている世の中の現象を見極めるためには、歴史に学ぶだけでは足りません。歴史に学びつつも、今、何が起きているのかを考え、新しいものを生み出す工夫を重ねることが大切です。それが本当の叡智といえるのです。

右に寄り過ぎていたら左に戻し、左に寄り過ぎていたら右に戻し、強すぎる部分は弱め、弱すぎる部分は強め、進み過ぎていたら後ろへ下がり、下がり過ぎていたら進み、偏り過ぎているところを緩和していくことで、中庸に至ります。

もし、あなたが、十代や二十代の若者であれば、中庸など意識するよりも、一芸に秀でることを優先して、興味のあることに、とことん打ち込んで、長所や才能を磨いていくことが最善です。しかし、三十代以降になれば、自己を客観視し、偏りや歪みを是正することを人格涵養の一環として、心がけることが大切です。

●認知の歪みを解消するには？

魂を磨いていくうえで、特に改めるべき認知の歪みとして、完璧主義、二分思考、悲観的予言の三つがあります。この傾向がある場合は、改めていかないと、幸せになることを大きく妨げます。

まず、完璧主義について理解を深めましょう。結論からいうと、完璧主義は捨て去るべき短所です。**完璧主義の人は、自分にも他人にも、厳しい基準を課して、高い成果を要求**

する傾向があります。自分に対しても、努力してある程度の結果が出せたことを認めず、自分へのダメ出しばかりして、自己否定に陥る傾向があります。また、他人に向けられた完璧主義は、他者を裁き、否定していくことにつながります。

自分に対しても他人に対しても、裁いたら裁いた分だけ、自分を愛することも他者を愛することも、できなくなります。完璧主義の人は、自他への勇気づけが下手で、ダメ出しばかりするのです。また、物事に対して、完璧にこなそうと思いつめるあまり、かえって手につかなくなったり、チャレンジすること自体から逃げてしまうこともあります。

このように、完璧主義は、愛すること、努力すること、挑戦することなどを阻害するので改めるべき短所です。**完璧主義の人は最高の理想だけを見つめて、そこに至らないものを全否定しがちです**。これは減点主義といえます。そうではなく、できたところに眼を向ける加点主義に改めれば、完璧主義を手放すことができるようになります。

自他のできたところや良いところを見つめて、それを認め、自他を勇気づけることができるなら、自分も他人も、より良く育てることができるのです。もちろん、成長するためには、できていないところにも眼を向け、改善を促すことは必要です。その場合も、勇気づけを主にして、ダメ出しを最小限度に抑えることが肝要です。

次に、二分思考について。二分思考とは、物事を二分することです。白か黒か、正か邪か、良いか悪いか、敵か味方か、成功か失敗か、あるいは全か無か。というように、二分割していく思考です。**二分思考があると完璧主義になりやすいので、完璧主義の悪癖をあわせ持つことも多いです。**

この歪みは、パーソナリティ障害の傾向を持つ人に生じやすいです。自己愛性パーソナリティ、強迫性パーソナリティなどの傾向があると、二分思考が出てきます。実際には、世の中のほとんどは、白か黒かで二分することはできず、その中間であるグレーゾーンばかりです。人間関係でも、完全な敵とか完全な味方というものは存在しません。

二分思考の人は、物事を、悪い方、悪い方へと決めつけていくことが多いです。結果的にまわりは敵ばかりと思いこむようになったり、人生は失敗ばかりと決めつけるようになったり、否定が増えることになります。こうした考え方では、周囲と和合しながら、幸せに生きていくことが難しくなります。グレーゾーンの存在を認め、グレーゾーンでも良いのだという考え方を持てるように、改めていくことが大切です。

最後に、悲観的予言について。これは、未来の出来事を悲観的に予測し、それを口にすることで、悲観的な予言を行い、さらには、予言の自己成就という形で、予言したとおりの結果になるように動いてしまうという認知の歪みです。この悪癖を断ち切るためには、想念の力、「引き寄せ」について、正しい理解を持つことが不可欠です。

わたしたちの想念は、未来を創造していく力を有しています。**心に思い描く思考と感情は、未来において現実の事象として形を現わすのです。この仕組みのことを「想念の現象化」とも言います。**思いは現実になる、ということであり、心に想い描かれたイメージは、その通りの現実を引き寄せるということです。ここから、「引き寄せの法則」という言葉も生まれました。想念のエネルギーが現実化することは、因果応報の法則の一部でもあります。

実際には、心に思い描いたことだけが現実化していくのではなく、根源にあるのは、因果応報の法則です。思うことと行動することは、強弱において同一線上にあります。つまり、最初に思いがあり、その思いが積み重なると、行動に現れてきます。そして、行動に対して因果応報が働くように、思いに対しても因果応報が働いているということです。

悲観的予言をする悪癖がある人は、自分の行動の結果や人生の未来をいつも悪い方向で予測します。「どうせ失敗するに決まっている。今回もまたうまくいかないだろう」「不幸になる。不運になる。苦しくなる」というように未来のことを予測していきます。すると、どうなるでしょうか。「想念の現象化」という仕組みによって、思い描いたとおりの、悪い未来が引き寄せられるのです。

これは、みずから破滅を招いているのと同じです。**悲観的予言をやめて、未来に希望を持ち、「もしかすると成功できるかもしれない。今回はうまくいくかもしれない」「幸せになる。幸運がくる。楽しくなる」という予測をする**ように改めるなら、思い描いた良き未来を引き寄せるようになります。

思い描くことは実現してしまうという真理を悟ることで、悲観的予言をする悪癖を断ち切ることができます。特に、口ぐせを改めることです。良い予測や良い可能性を口にする、幸運の予告をする習慣を作ることが運命好転の鍵となります。もし、悪い予想を口にしそうになったときには、「こんなことを思ってはいけない。悲観的な予言はやめて、幸運の予告をしよう」と自分に言い聞かせることが大切です。

この話をすると、「悪い予想を立てたらいけないのなら、ビジネスや経営はできないんじゃないか」という疑問を持たれる方もいるようです。確かに、ビジネスや経営の場合は、さまざまな可能性を考慮して、それぞれに対策を立てる必要があります。悪い予測もしなくてはいけないことも多々あります。

ビジネスの予測とは、人としての最大限の努力の一つであると受け止めることです。そして、さまざまな可能性を考慮し、それぞれのルートに対して、しっかりと対策を立てて、いざというときに備えることです。

ビジネスに限らず、高校や大学の受験でも、志望校に合格できなかった場合に備えて、滑り止めを受験しておくことも大事です。生命保険や火災保険などの保険も、リスク管理の一つです。

そうやって、**あらゆる可能性を考慮した対策を万全に立てたうえで、「それでも、わたしの未来には最善の成功や幸せが待っているのだ」と、良き未来を確信して、幸運の予告を自分自身に対して宣言することが大切なのです。**

認知の歪みは、負の感情を生み出す原因になります。負の感情にふりまわされないためにも、認知の歪みを解消する心がけが大切になります。特に、怒りの感情にふりまわされるのは、もっとも好ましくない状態です。怒り、いらだち、不平不満などの負の感情が生じたら、できるだけ早く、自分を客観視し、想念をくもらせるマイナスの感情から、明るく前向きで発展的なプラスの感情に切りかえていくことを心がけましょう。

対人関係でイライラするとき、相手に対して無意識に過剰な期待をかけていることがあります。期待どおりに動いてくれないことに対して、怒りの感情が生じているのです。「わかってほしい」「察してほしい」「助けてほしい」という相手への期待が裏切られると、怒りの感情が生じやすくなります。このようなときは、人にわかってもらうためには、言葉で丁寧に説明し、意図を伝える必要があることに思いを致すことです。そして、イライラの感情をぶつけるのではなく、一度、深呼吸をして、依頼や要請があるなら、それを言葉で明確に表現し、具体的に伝える努力をすることが肝要です。

魂向上法⑤ 万能に近づく

●得意分野から始めて、しだいに守備範囲を広げる

魂を磨くには、長所といえる能力を増やしていく必要があります。一芸に秀でるように努力をすることは大切なことですが、魂の進化を推し進めていくには、自分という存在を多芸多才、万能という方向に向けて、成長させていくことが重要です。

もちろん、ほとんどの人にとって、多芸多才、万能の人になることは、現実的には実現が難しい目標です。ですから、大きな方向性として、このことを心にとめておくことが出発点です。何でもできる人になるほうが良いのだなということを理解しておくということです。

そもそも、苦手分野は簡単には克服できないものです。それに、不得手なことに注力すれば、苦しみばかり増えることにもなりかねません。そのような無理なことをする必要は

ないのです。「万能になる」ではなく「万能に近づく」ということです。人間が万能になることは不可能です。ですが、万能に向かって近づく努力をすることであれば誰にでも可能です。

人生において、自分がチャレンジできることはいくらでもあること。ひとつの物事に習熟できたら、次の物事に挑戦してもよいこと。そうやっていろいろな物事に挑戦していくことが、魂の進化の方向性として最適なのだということを知っておくことが重要です。

そう簡単に、何でもできる万能の人になることはできません。それでも、自分なりにその方向性にむかって、ゆっくりでも、少しずつでも、挑戦を続けていくほうが良いのだという理解を持つのです。そうすることで新しい物事への挑戦がもっとできるようになりますし、何事も挑戦してみることは無駄ではないのだと思えるようになります。

たとえば、これまでの人生の中で楽器の演奏などいっさいやったことがない人がいたとします。この人が、人生の晩年になって、ある楽器の演奏を習い始めたとしたら、それはとても良きことなのです。自分の魂を万能になる方向に向けて、一歩、前進させていることになるからです。

生まれ変わりを繰り返しながら、長い時間をかけて魂は進化していきます。人生の晩年

であったとしても、音楽の才能を磨く努力をしたという足跡は魂の中に残ります。すると、次の生まれ変わりでは、このとき磨いた分だけの音楽の才能が魂の素養として持ち越せるのです。

もし、今の自分が歌が下手であったり、楽器の演奏などとは無縁な人生であったなら、芸術という要素での魂の錬磨が前世では足りなかったのかもしれません。それを自覚したなら、ピアノでもオカリナでも何でもよいので挑戦してみると良いのです。

楽器演奏を例にあげましたが、これは、どのような才能についてもあてはまる話です。60才を過ぎてから、農業を始める人もいれば、絵本作家になる人もいます。あるいは、お蕎麦屋さんを始める人もいます。語学を始める、詩吟を始める、書道を始める、登山を始める、ガーデニングを始めるなど、何才からでも新しいことに挑戦するなら、それは万能に向かって魂を磨いていることになるのです。

●いろいろなことを経験するからこそ、適性を発見できる

現代の日本では、小学校、中学校の義務教育で、算数・数学、国語、語学、理科、社会、体育、図工、美術、音楽、書道など、いろいろなものに触れることができるようになっています。これは、魂を磨くという観点から考えると、たいへん良きことなのです。義務教育時代に、ほとんどの人が、自分の得意分野、不得意分野について、自覚するようになります。

そして、社会人となった後は、しだいに、自分の得意分野、あるいは好きな分野にだけ触れる生活になっていくはずです。これは自然なことであり、悪いことではありません。しかし、この流れのままにしておくのではなく、魂をバランスよく磨いていくという観点を持ち、あまり得意ではなかった分野にも、少しずつ触れていくことができれば理想的です。

ただし、**魂を磨くうえで、優先度が高いのは、長所や才能をまず伸ばすことです。自分にはたいした長所も才能もないと思っている人ほど、何か一つでも才能を伸ばすべく、何**

かに打ち込んでいくことが大切です。あなたが今、学生であるなら、勉学に打ち込んで学力を高めることが、最優先であると考えてよいでしょう。あなたが、社会人で仕事をしているなら、その仕事に打ち込んで、その分野で一流になることをめざすのが最優先であると考えてよいでしょう。

これだと思う分野に打ち込んでみたけれど、結局、自分には向いていなかったとわかることもあるでしょう。その間の努力は無駄だったのでしょうか。いえ、そんなことはありません。磨いた分だけの経験が魂に蓄積されているのですから、いつか、遠い未来において、それが活かされるときが来ます。**最終的な方向性が万能である以上、どんな努力も、魂にとっては有益なのです。**

世の中にはさまざまな職業がありますが、もっとも万能性を求められるのは、自分で会社を起業し、経営者になることです。自分で創業して経営するには、商品開発、営業、労務管理、人材育成、資金繰りなど、さまざまな仕事を経営者みずからが率先して行う必要が出てきます。小企業のうちは、社長の能力がそのまま会社の繁栄に直結します。

経営者には大きなビジョンが必要です。方向性を定めて、目標設定し、それを達成していくことを繰り返していくのが経営です。より良い経営をめざして努力をすることは、魂を多面的に磨いていける素晴らしい修業なのです。

実際に経営者にならなくても、経営者的な発想で仕事ができるようになれば、同様の効果が得られます。職人でも会社員でもアルバイトでも専業主婦でも、自分の受け持つ仕事をするとき、そこに経営者的な発想を取り入れるようにすることは有益です。

「経営の神様」と呼ばれた松下幸之助は、若い社員に対して、「人は皆、自分という会社を経営しているのだ」と教えていました。経営者マインドを持つことが大切であるということであり、万能に近づく道であるといえるでしょう。「社長脳」と「従業員脳」という表現もあります。魂を磨くために「社長脳」を持つことが大切です。

万能をめざすことは、方向性として重要ですが、実際に世の中を生き抜くうえでは、自分ひとりの力ですべてを成し遂げることはできません。**自分以外の人の力を上手に借りて、他者の長所を活かし、衆知を集めることも大切です。実力がある他の人に助けてもらうために、腰を低くし、謙虚に応援を依頼することも欠かせません。**自在に周囲の人と調和し、協力してもらえるというのも、磨いていくべき、一つの才能なのです。四魂の働きでいうと、和魂《にぎみたま》の力です。孤独で友人知人がほとんどなく、社会との接点が乏しい人もいますが、このような人は、和魂の修業という要素が欠乏しているといえます。

自分という会社を経営するという観点からいえば、**魂を磨く修業の土台は自己管理ですから、生活の中での修業が出発点です。**それは、部屋の掃除、トイレ掃除、風呂掃除、整理整頓、洗濯、炊事などの家事全般です。また、自分自身の健康の管理や、みだしなみを整えることも大切です。

さらには、**品性を高める心がけを持つ**ほうが良いでしょう。品性を高めるためには、生活に芸術の要素が必要になります。たとえば、ファッションのセンスを磨いたり、室内のレイアウトを美しく整えたり、食器や家具や小物を美しくなるように揃えるなど。それから、絵を描いたり、楽器演奏をしたり、書画や音楽を鑑賞するなど、芸術に触れる時間を持つことも大切です。このように、足元から整えていくことも、すべて魂を磨いていく良き修業なのです。

魂向上法⑥ 積善する

●なぜ、積善すると自己実現が加速されるのでしょうか？

積善とは、他者を幸せにすることです。他者を幸せにすると、因果応報の法則によって、自分にも幸せがめぐってくるようになります。したがって、積善の行いは、自分を幸せにすることに直結します。そして、積善の行いをすることで、魂も磨かれるのです。

積善をしようと立志発願し、行動に移すには、意志力が必要です。積善の行いを継続していくためには、根気、忍耐力が必要です。そして、真の積善をしようと思うなら、「見返り」を求めない純粋な愛の念で、相手の幸せを願って行われる必要があります。さらには、叡智を持たないと、より良い積善はできません。

このように、積善することは、魂の三局面のすべてを磨いていることになります。積善の実践と魂の向上は、同時進行で進んでいきます。それゆえに、魂を磨くと幸せになれるといえますし、積善をすると幸せになれるともいえるのです。

積善の第一歩は、自己確立です。自分が不甲斐ない状態のままでは、まわりの人々を幸せにすることなどできません。それゆえ、積善をするためには、本書でここまで説いてきた内容の実践が土台となるのです。自己を磨いていくための努力を重ねながら、利他の積善にも目を向けていくことが大切です。

積善をするときに、考えるべきは、親疎の別です。自分にとっての身近な人々を幸せにするためにまず行動しましょう。どうすれば身近な人が幸せを感じられるのかといえば、それは、あなたによって、安心、満足、喜びなどがもたらされたときです。それは言葉と行動によって示されるものです。言葉だけでも行動だけでも不完全であり、言葉と行動が一致する形で、行われる必要があります。

ただし、あなたの言葉と行いが、小善や偽善にならないように気をつけなくてはいけません。小善とは大善の逆であり、大所高所から考えると決して善とはいえない親切や優しさです。たとえば、アルコール依存症の夫が要求するままに酒を買い与える妻は、小善の過ちを犯していることになります。これでは夫は本当の幸せに至りませんから積善にはなりません。暴力をふるう夫を毎回許してしまう妻も同じです。告訴など断固たる措置を取らぬ限り、夫は罪を悟らず、改心できません。

あるいは、**積善の果報を計算して、打算的な気持ちで、これをしておけば積善になるだろうといった考えで善行をしても、それは偽善でしかありません。**偽善をどれだけ積んでも、積善をしたことにはならないのです。

こういったことを注意しながら、まず、身近な人に対して積善を行えるようになることが大切です。もし、あなたが引きこもりに近い状態であっても、家族のために、家事を行うことで積善ができます。料理、皿洗い、部屋の掃除、洗濯、トイレや風呂の掃除、ゴミ出し、整理整頓など、家の中で家族のためにできる積善はたくさんあります。

人のお世話や掃除、片付け、整頓、後始末、ゴミ捨てなどの雑用は、仏教で下座の修業と呼ばれるように、素晴らしい善行です。こうした雑用を黙々とこなしていくことは積善の第一歩なのです。

身近な人々に向けた積善ができるようになったら、しだいに意識を拡大して、より大きな人間集団の幸福に貢献できることがないか、考えるとよいでしょう。たとえば、地域のゴミ拾い、海岸の清掃ボランティアなども良きことです。

こういった奉仕活動でなくても、あなたが職業を持っているのなら、その**職業における働きを通じて積善を行うことは可能です。それは給料泥棒の逆をやればよいのです。**給料泥棒とは、受け取る給与や報酬に見合うだけの仕事をしない人間に向けられる言葉です。これと反対に、積善をするには、受け取る給与や報酬以上の良質の仕事をすれば良いということになります。

受け取る報酬相当の仕事しかしないのであれば、お金で報酬を受け取っているだけであり、そこに積善はありません。そして、受け取る報酬以下の仕事なら、それは、給料泥棒ということになります。一方、受け取るお金の価値よりも、はるかに高い価値を提供できるなら、お金に変換されていない部分は、すべて積善となります。

積善のためにサービス残業をするという意味ではありません。自分の受け持つ仕事に対して、誠心誠意で取り組み、顧客の安心、満足、喜びを追求する仕事ぶりであれば、そこに積善が必ず含まれているという話です。そのような仕事ぶりであれば、積善の果報として、あなたに良きことがめぐってくることでしょう。

●陰徳と陽徳はどのように違うのでしょうか？

「陰徳を積む」という表現がありますが、陰徳と陽徳はどう違うのかについて理解しておくことは重要です。陰徳とは人知れず行う積善のことであり、陽徳とは人に知られながら行う積善のことです。原則として、陽徳より陰徳のほうが大きな積善になります。

なぜ善い行いは人知れず行うことが大きな積善になるのでしょうか。それは、人に知られて、称賛をあびたり表彰されると、それ自体が喜び事なので、積善の果報をすでにその分だけ受け取ったことになるのです。人に知られることで、人の協力が得られて、いっしょに善行を重ねる場合は、より大きな積善にできますが、その場合でも、周囲に知られて、尊敬や社会的評価や信用に変化した分は、その分だけ積善の効果は失っています。

たとえば、本を出版すると、積善の徳を失います。本の出版で社会に知られて、知名度が生じた分だけ、徳を失うのです。ただし、その本の内容が、人の役に立ち、人を幸せにするなら、その本を読んで救われる人が生じた分だけ、積善の徳は積みあがります。ですので、本の出版などは、最初に徳を失い、そのあと、積善の徳をそれ以上に増やすという積善のやり方になります。人の役に立たず、売名だけの本の出版であれば、積善の徳を大量に消耗します。テレビやネットの動画への出演も、積善の徳を大量消費していることになります。知名度があがるだけ徳を消耗しているのです。

長期間にわたって人に注目される立場に立っている人は、どれだけとてつもない質と量の積善を前世で積み上げてきたか、ということになります。高い社会的地位に就けるのも決して偶然ではなく、その魂が生まれ変わりを繰り返しながら、積み上げてきた莫大な積善の結果として、その立場に立っているのです。

また、子を授かると積善の徳を失います。子宝を得ることは大きな喜びですから徳を失うのです。ですから積善の徳が足りないと子宝に恵まれにくいのです。しかし、良い育て方をして、子が社会で良き行いをするなら、その子の積善になるだけではなく、親も積善したことになりますので、子育てで、大きな積善ができるのです。

積善は、人に知られることで得るメリットがあるので、目立つよりも目立たないほうが良いということです。それゆえに、目立たない積善つまり、陰徳が重要なのです。誰にも知られず、評価も賞賛もされず、こっそりと積善することで最大限の積善効果となります。

魂向上実践塾では、陰徳を積むための活動を重視しています。熱心な塾生は、大きな陰徳を積んでいます。知名度が生じたり、責任ある立場に立つほど、いっそう陰徳を積んで積善の徳を補充していく心がけが、命運を長持ちさせるのです。

●より大きな積善を行うにはどうすればよいのか

より大きな積善を行うには、日本の国や社会全体のことを考えていく必要があります。**たとえば、選挙に足を運んで、最善の候補者に投票することも、積善の一つとなります。日本は投票率が低いので、あなたが投票することは、世の中に確かな影響を与えます。**ただし、本当に良い候補者を選び定めるには、世の中のことについて、かなり勉強しなければなりません。

たとえば、世の中から犯罪の被害を減らすには、家に鍵をかけるような個人の努力だけではなく、犯罪を捜査して摘発できるだけの警察の組織が完備されている必要があります。刑法などの法律の整備、警察署、刑務所や裁判所など、さまざまなものが揃わないと達成できません。学校教育において子供に道義心を教えることも重要です。移民政策で外国人犯罪が増加しますから、移民政策は廃止しなければなりません。

日本の国や社会全体のことを考えるとき、自国が、戦争にまきこまれず平和を維持していくことが大前提です。そして、戦争にまきこまれない唯一の方法は、他国が絶対に攻め込めないような強大な軍事力を持つことだけです。

日本の隣には核武装した反日の国が三つもあり、きわめて危険な状況です。イギリスのように核武装しなければ、日本の平和は守れません。核武装した国同士が戦争をしたことは、歴史上、一度もありません。日本は戦争にまきこまれないために、速やかに核抑止力を持つべきなのです。

このほかにも、さまざまなことを考慮して、国や社会がより良き姿になり、人々が安心して豊かに暮らしていけるようにしなければなりません。そのためには、社会の出来事について学ぶ努力が必要です。ところが、現在の新聞やテレビは、その報道内容がかなり偏向されていて、真実の情報に触れることができません。

ニュース番組を見ても、自虐的な歴史観やイデオロギーに偏向した番組ばかりです。テレビや新聞だけを情報源にしていると、判断を間違うことになります。そもそも、テレビや新聞とは、国際金融資本と呼ばれる大富豪たちが、自分たちに都合の良い世論を作り出すために生み出した存在です。世界の富の九割を占有しているといわれる国際金融資本の世論工作の道具なのです。

それでは、どうすればよいのか。**魂向上実践塾の塾生には、ユーチューブで無料視聴できる「チャンネル桜」というニュース番組をおすすめしています。「チャンネル桜」は、外国勢力や大企業や宗教団体の資金援助をいっさい受けない形で、有志の国民の支援のみで運営されている稀有な存在です。偏向報道のない真実の情報を知ることができます。**パソコンやスマホなどで「チャンネル桜」で検索してみてください。「チャンネル桜」以外にも類似の保守系ネットニュースチャンネルが複数あり、どれもそれなりに参考になりますが、もっとも良質といえるのは「チャンネル桜」です。

正しい情報源から偏向のない正確な情報を得ていくことで、判断を誤る確率が下がります。ユーチューブのほか、ツイッターなどのＳＮＳでも、テレビで報道されない情報を集めることができます。そのうえで、日本を守り、国民を豊かにし、社会に調和と秩序をもたらす、最善の候補者に投票することが大切です。

移民政策を拡大したり、ＩＲ（カジノ）を推進したり、日本文化を軽んじ、やたらと国際基準を押し付ける人は危険です。また、身を切る改革などといって、緊縮財政を進める人も危険です。身を切る改革とは、結果的に国民の身を切るのであって、経済規模を小さくして、国民を貧困化させるのです。日本は通貨発行権があるので財源は国債発行によってまかなうことができます。国が財政破綻することなどありえず、必要な財源は国債発行で対応できます。身を切る改革で公立病院の数を減らし過ぎたため、コロナ過で日本一の死者数を出した自治体もありました。

先祖伝来の日本の伝統や文化を守り、子孫に継承していくことが、日本人たる者の使命であり、最善の行いです。日本の良さがどんどん失われている現状では、改革よりも保守が大事です。それは、道徳的に優れた国になるということであり、道徳的に優れた民であり続けるということです。移民で人口減少を補うという考え方は、非常に危険です。欧米では移民によって社会に大混乱が起きています。

日本国民が安心して結婚し、子供を産み育てることができるように、財政出動を積極的に行うことで日本の人口は回復します。そのような国を作るために、選挙に足を運んで投票することは、国を守る積善なのです。

日本には有権者が約一億人いますが、そのうちの半分しか投票に行っていません。「自分が投票しても何も変わらない」「投票に行くのは面倒くさい」「誰に投票したらよいかわからない」と考えて政治に無関心になっている人が多いのです。これらの人々は「怠りの罪」を犯しているといえます。目の前に急病で倒れた人がいるのに、助けることなく、その場から逃げ去るのと同じぐらい罪深い積不善をしている可能性があるでしょう。国を救うために良き人物に投票することは、たくさんの人を救う積善になり得るのです。積善を重ねると、積善の果報が戻ってきます。人生における喜びが増えて、あなたの願いが叶うようになります。良き引き寄せが起こり、人生行路が平坦になっていきます。

コラム3

日本の最大の危機は移民問題

『西洋の自死』という分厚い本があります。著者はダグラス・マレーという人です。2018年に日本でも翻訳出版されました。この本には、移民をどんどん受け入れたヨーロッパの国々が、治安の悪化、道徳の荒廃、社会の混乱を深めていく様子が詳細な取材をもとに記されています。移民や移民由来の民が国内に増えるほどに、その国の治安が悪化し、町はゴミで汚れ、恐ろしい犯罪が多発するようになります。

そして、その国の伝統的な文化や風習がどんどん壊れていき、もともと先祖代々その国に暮らしてきた人々は、暮らしにくくなるのです。**ヨーロッパの国々は、移民政策を実行し、移民を多数受け入れ、その結果、大きな苦しみを背負い込み、国民の結束は緩み、もともと暮らしてきた国民に多大な苦しみを与えるという大失敗を犯したのです。**移民だけで構成される町がいくつもでき、その町では外国語が話され、犯罪が多発し、もともとの国民は誰も近づきません。

歴史をふりかえれば、移民を受け入れた結果、もともとの住民が不幸になった事例はたくさんあります。たとえば、アメリカがそうです。アメリカは古来、ネイティブアメリカン（インディアンとも呼ばれた）というアジア由来の人々が平和に暮らしていました。

しかし、そこにイギリスから白人が移民してきたのです。最初のうちだけ共存していましたが、やがて白人は、インディアン狩りを始めました。インディアンの集落を襲い、虐殺し、土地を奪い、家族を殺し、アメリカ原住民を滅ぼしたのです。その結果、アメリカ原住民は絶滅寸前の少数民族となり、不幸な運命をたどっています。

また、かつて太平洋にハワイ王国という立憲君主国がありました。ポリネシア系の人たちがそこで平和に暮らしていました。ハワイ王国が移民を受け入れると、アメリカ系の白人がどんどん移民してきました。白人の人口が増えると、クーデターが起こり、ハワイ王は退位させられて、ハワイ王国は滅びました。その後、白人によってアメリカに併合されてしまい、今ではアメリカの領土となっています。

このように、**移民を受け入れることは、たいへん危険なことなのです。先祖代々その国に住んでいたもともとの原住民が必ず不幸になるのです。その意味で、移民とは侵略者なのです。**もし、日本が、どんどん移民を受け入れたら、『西洋の自死』で詳細に報告されているように、治安が悪化し、伝統文化が衰退し、社会が不安定になり、日本人は苦しむことになるでしょう。最終的には日本という国は滅んで、どこかの大国に併呑されるかもしれません。

少子化を解決するために移民を入れようと主張する人々、労働力にするために低賃金労働者として移民を入れようとする人々、人道的な理由をあげて移民を受け入れようと主張する人々など、いろいろな立場の移民受け入れ派が存在します。**人は、自分が生まれた国で幸せに暮らせることがいちばん良き在り方であり、母国が混乱して、そこで生きられなくなるから外国に出ていくのです。**もし、人道を守るというなら、混乱している彼らの母国を正常化させることに尽力すべきであり、移民を手助けすることは問題の解決にならないといえるでしょう。

そして何よりも大事なことは、**日本人なら日本という国の秩序と平和と調和を何よりも優先するのが当然です。移民によってそれが崩壊する危険があるなら、移民は入れないという政策をとるのが、日本国民を守る最善の道です。**日本国民を第一に考えないからこそ、移民政策が出て来るのです。その意味で、現在の政治家の多くは、愛国者ではないのかもしれません。

外国人参政権を主張したり、移民受け入れを主張しているような政治家には要注意です。**アメリカ原住民やハワイ王国原住民のように、親切心から移民を受け入れた結果、自分の国を他民族に乗っ取られ、滅亡するような過ちを犯してはならないのです。**

外国人にも住民投票の権利を与えるべきと主張している人もいますが、世界を見渡しても、外国人に投票する権利があるような国はほとんど存在しません。このような動きは、日本という国を外国に乗っ取らせることの片棒を担いでいるのであり、きわめて危険です。

日本は、すでに外国人が３００万人に達し、外国勢力がどんどん増強しています。そして、外国人による残虐な犯罪も多発しているのです。外国資本による日本国の土地の買い占めも進行し、北海道の面積に匹敵する土地がすでに外国の所有物になっているともいわれています。また中小企業も外国資本によってどんどん買収されています。テレビや新聞などのマスコミは、こうした危険な現状を報道せず、むしろ隠蔽し、国民に真実を伝えていません。ツイッターで「移民問題」や「外国人犯罪」という語句で検索をすると、テレビや新聞には報道されていないたくさんのニュースや情報を知ることができます。

日本文化を愛し、日本の伝統に従い、日本人と調和して生きていくような人ばかりであれば、外国人であろうと何の問題もありません。そうした素晴らしい外国人がいることも知っています。しかしながら、全体としての現実は、そうはなっておらず、日本人が我慢を強いられる状況になってきています。

ほんとうの世界平和とは、各国の国民が自分が生まれた祖国で、平和に暮らせる世界であり、移民による混乱と犯罪によって人々が苦しむような姿ではありません。ほんとうの国際化とは、それぞれの国が独自の文化を発展させ、独立を守るなかで、互いに融和し、平和に共存共栄する世界です。移民推進は、世界に混乱をもたらす愚行であり、背景にあるのは「今だけ金だけ自分だけ」のエゴイズムなのです。

2023年4月22日の日経新聞電子版に、外国籍の児童8000人が不就学の状態にあると報道されました。義務教育段階の年齢で国公私立の小中学校や外国人学校などに通っていない不就学の外国籍の子は、2022年5月時点で8183人いると文部科学省の調査結果が公表されたのです。

このような子供たちが成長したら、日本語も使いこなせないので、まともな仕事に就くことはできません。食べていくこともできないとなれば、犯罪に手を染めるしか生きる術がないという境遇に陥る可能性が高いでしょう。こうして、安易な移民の受け入れの結果として、国の治安がどんどん破壊されているのが現状です。選挙に足を運んで、移民政策に反対しない政治家は、すべて落選させるべきです。これ以上の移民を入れないための早急な措置が必要です。

日本を守るためには、安価な労働力として外国人を使うことをやめる必要があります。人手不足を外国人で補うことは亡国につながります。国民全体を見ず、一部の経営者の意向に従う政治家は愛国心がないといえます。間違った政策を軌道修正させるためにも、わたしたちが選挙に参加して、日本を守る愛国心のある政治家を誕生させる必要があります。

郵 便 は が き

恐縮ですが
切手を貼っ
てお出しく
ださい

1 1 6 0 0 1 3

荒川区西日暮里5-14-4-901

株式会社高木書房 行

このたびは小社の書籍をお求めいただき、まことにありがとうございます。

皆さまの率直なご意見を今後の本づくりの参考とさせていただきますので、ご協力いただけると幸いです。

ふりがな お名前	年齢 歳
(〒 －) ご住所	
お電話 番号	
メール アドレス @	

※お預かりした個人情報は個人情報保護法に基づいて厳正に管理いたします。

お買い上げいただいた書籍名

お買い上げいただいた購入先

①書店　②ネット（アマゾン　楽天　その他）

③弊社より直接　④その他（　　　　　　　　）

本書についてのご意見、ご感想をお聞かせください。

ご自分の研究成果や経験、お考え等を出版してみたいというお気持ちはありますか。

ない　ある（差し支えなければ内容などを教えてください）

ご記入いただく内容については、弊社のメールアドレスでも承ります。　E-mail：syoboutakagi@dolphin.ocn.ne.jp

ご協力ありがとうございました。

第四章　最速で魂を磨くために神様とつながろう

魂の進化は永遠に続く道。終点はない。

神は人の敬《うやまい》によりて威を増し
人は神の徳によりて運を添う
御成敗式目《ごせいばいしきもく》

魂向上法⑦　守護霊に導かれる

●どうすれば天が味方する人になれるのでしょうか？

自分の力だけで、努力をしていく生き方は、自力の生き方です。一方、神仏の加護を授かり、守られながら努力をしていく生き方は、自力プラス他力の生き方です。自力オンリーの生き方と、自力プラス他力の生き方のどちらのほうがより魂を磨けるのか、どちらのほうがより幸せになれるのか。

それは、自力プラス他力の生き方のほうです。本書でいう他力とは、主に守護霊のことを指しています。守護霊は、あなたの魂の進化を見守るあなただけのコーチあるいは家庭教師のような存在なのです。

わたしたちに、守護霊という存在がついてくれているのは、それが必要であるからです。守護霊というシステムは、人類の数十万年を超える歴史の中で、できあがったものであり、現代に生きる人間はもれなく守護霊に守られています。また、霊界には、守護霊として活動できる高級霊がすでに膨大な数で存在しています。人口が増えたから守護霊の数が足りない、ということはないのです。

守護霊の任務とは、子孫の魂の向上を導き、それを促進させることにあります。守護霊は、魂向上の道をかなり上まで進み、天国界に永住権を得て生まれ変わりから卒業している高級霊です。子孫であるわたしたちを、孫をかわいがるような愛で見守ってくれているのです。

守護霊は、わたしたちが、志を持って精進努力を重ねているときに、最大限、導くことが許されています。本人の努力に応じた加護しか授けてはいけない決まりです。これは人の自由意志を阻害することは、魂の健全な進歩向上を妨げることになるためです。また、本人の抱える因果応報の流れをねじまげることは許されていません。わたしたちが目標にむかって努力をしているとき、それが成就しやすくなるように、後押ししてくれるのが本来の任務です。

守護霊がいるからといって、自分の因果応報でやってくる試練や苦難が帳消しになることはないということです。そして、そのような試練や苦難が来たときに、人としての最大限の努力で乗り越えて行こうと励むなら、守護霊はその努力を後押しして成就させてくださるのです。

魂を磨く努力をしていくとき、守護霊の加護を意識し、守護霊に導かれて努力をする感覚を持つことが大切です。霊界の存在はわたしたちが認識し、存在を受容し、加護を確信することで、よりはっきりとした具体的な事象干渉力を顕現させることができるのです。すると、人生における大難が小難になったり、あるいは小難が無難になったりする、天佑神助と呼ぶべき幸運が起こりやすくなってきます。

守護霊は、あなたが今生で受けるべき試練や苦難などの課題を消し去ってくれることはありません。それらの困難は、あなたの魂の進歩向上のために、宇宙の大法則である因果応報の法則によって、もたらされるものだからです。守護霊の加護とは、この試練を乗り越えていく力を強化してくれるものなのです。**あなたが困難を勇猛心で乗りこえようと立ち上がり、一生懸命にチャレンジを重ねていくとき、守護霊の加護が授かるのです。**

守護霊の加護がやってくると、良いひらめきが浮かんだり、どうすれば道が開けるかについて、ふとした気づきが得られたり、発想が豊かになっていきます。そして、ふつふつと「やる気」が湧いてくるようになるのです。あなたを助けて味方になってくれる人物も周囲に現れてくるのです。そういう良き人のご縁を結んでくださるのです。

その結果、試練や苦難を克服し、行き詰まりを突破して、人生の流れをその先へと進めていくことが容易になるのです。これは、大難が小難に変じたようなものです。災い転じて福となすように、試練からたくさんのことを学びとり、人生のその先に活かせるように、導かれるのです。守護霊に上手に導かれるようになると、文字通り、運が良くなるということです。

すべての人が守護霊に守られていますが、多くの人の場合、守護霊の活動は、最大限のレベルまで達していません。むしろ、最低限のレベルのことが多いです。たとえば、その人がまだ天寿が来ておらず、死ぬべきでないときに、災害や事故に巻き込まれそうになったときなどは、守護霊は虫の知らせ、胸騒ぎなどで、ぎりぎりのところで危機を回避させようと導いてくれます。このような形で守ってくれるのは、最低限の導きです。

そして、もし、わたしたちが、遊惰安逸に生きて、努力をしていなかったり、あるいは、心を邪悪に染めて欲心のままに非道を行っているような場合、守護霊は最低限の守りのためにさえも動かないことも多いのです。その結果、災いに巻き込まれて、本来の寿命よりも早くに命を落とすこともあるのです。

反対に、正しい心がけで前向きな努力を重ねる人に対しては、守護霊は加護を惜しまないのです。さらに、もし、高い志を持って、社会のために、国のために、人類のためにと、利他の精神で精進努力しているなら、その人が守護霊の存在など知らなくても、守護霊は積極的に守り導くのです。つまり、神仏を敬い拝むような習慣がない人でも、生き方が天地神明の加護に値するものであれば、守護霊に守られるのです。

守護霊に十分に動いて頂けるようになるには、前述のとおり、あなたの立志発願と、精進努力が必須です。**努力に応じて守護霊の加護が授かる以上、努力をまず始めないと、天佑神助はやってこないということになります。挑戦し、努力する生き方が大事なのです。**

●祈ることで霊的な加護が授かる

そして、もう一つ、守護霊に動いて頂けるための重要なポイントがあります。それはお祈りです。お祈りは守護霊に大きく動いて頂くためには、欠かすことはできません。お祈りとは、心の中で、霊界の存在に語りかけるという行いです。守護霊に対して、何を語りかけるのかが重要です。

守護霊は魂の進化を助けるために、子孫を見守っていますが、より大きく動かせるかどうかは、わたしたちの向かい方次第です。魂を磨くための師として、守護霊にもっと動いて頂くには、あなたから、守護霊への真摯《しんし》な働きかけが必要となるのです。それがお祈りです。**守護霊の導きを受け取りながら魂を磨くなら、自分ひとりの力だけでがんばるよりも、はるかに効率よく、魂を磨くことができるのです。**

そこで、身に着けて頂きたいのが、正しいお祈りの習慣です。少なくとも一日一回、お祈りをすることを習慣にしましょう。朝と晩など一日二回できればさらによいです。あるいは三回できればいっそう効果的ですが、最初は、たとえば毎朝、五分間でもいいので、お祈りする習慣を作るところからスタートしましょう。自分の部屋で祈ればよいです。何を祈るかというと、魂を磨くことのサポートを願うのです。お祈りするときは、手をあわせて、眼を閉じて、心の中で語りかけましょう。可能であれば、小声で発声して祈るほうがより集中できるでしょう。お祈りの一例をあげておきます。

「守護霊様、守護霊団の皆様、いつもお守りいただき、ありがとうございます（感謝）。わたしの魂を磨く修業の道が成就しますように。魂の三つの局面である、愛、叡智、意志を磨くことができますように（立志発願）。そのためにどのような努力をすればよいか、教えてください（問いかけ）。なにとぞ、毎日、しっかりと魂を磨く修業ができますようお守りください（加護を希《こいねが》う）。」

このように、**感謝、立志発願、問いかけ、加護を希《こいねが》う、という要素を含めてお祈りすることがポイント**です。はじめは、短いお祈りから練習を重ねるとよいでしょう。慣れてくれば、もっと細かく具体的に自分の人生の問題の解決や、環境の改善に関してもお祈りできるようになります。とても優しいおじいちゃんやおばあちゃんに対して、自分の気持ちをありのままに語りかける感じでお祈りできるようになると、お祈りの時間も長くなってきます。それにつれて、祈りが成就する体験が増えていくでしょう。体験を重ねることで、さらに、もっと長く祈れるようになっていきます。自分の周囲の人々との和合の成就や、周囲の人々の幸せ、積善の実践についてもお祈りできるなら、さらに理想的です。

あなたが毎日お祈りするようになると、守護霊の導きは強化されます。ふとした気づきやひらめきが増えたり、直感力が冴えてくることも多いです。災いを未然に回避する直観力が冴えてくることは、大きなメリットといえます。良き人とのご縁も結ばれやすくなることでしょう。

●邪悪な存在から身を守るにはどうすればよいか

守護霊の加護を意識しながら魂を磨いていくことで、人生をより良い方向に軌道修正することができます。ただし、注意しておくべきこともあります。それは、邪霊に惑わされないように気を付けることです。**守護霊は神様にお仕えしている存在であり、お告げとか夢告とか霊言メッセージなどのオカルト的な現象を嫌います。人間をお告げに依存させると自由意志を妨げ、魂の進化を阻害するからです。こうしたお告げをするのは、ほぼすべて邪霊であると心得てください。**

守護霊が子孫を守護するのは、守護霊自身の霊的修業のためでもあります。ですので、厳格なルールにのっとって、守護の活動をしています。原則として、不思議を好まず、自然な流れの中で導きます。不可思議な現象は起こさないのです。したがって、自然に良きひらめきが湧いて、物事がスムーズに進んで成就したり、良き人と出会えたり、あくまでも、ごく自然に運が良くなって幸せが増えていくような形で守られるのです。

これに対して、**邪霊が人間を惑わす場合には、オカルト的な現象を使います。霊の声が聞こえるとか、霊視できるとか、お告げがあるといった現象です。**こうした不思議な出来事を使って人を怖れさせ、脅かし、従わせ、支配しようとするのが邪霊です。また、自分が何ら精進努力をしていないのに、浮かんでくるようなひらめきも偽物です。

猜疑心、疑心暗鬼、相互不信などを引き起こして、人間関係を破壊したり、結束していた組織や集団を内部崩壊させていくのも、邪霊の仕業です。人との偶然の出会いも、良い出会いと悪い出会いがあります。その人と出会うことで不幸になっていくような出会いは、邪霊による悪しき縁であるかもしれません。

邪霊や悪霊といった悪しき霊的存在のことを話題にすると、因果応報の法則との関連について疑問に思う人も多いようです。不運や不幸は、因果応報の結果、起こるのであり、そこに邪霊はどう関連するのかという疑問です。**邪霊は、因果応報が現実化するときの媒**

介の役割を果たすと考えてよいです。

カルマの負債があって、不幸が起ころうとするとき、その不幸現象が現実化していくのを媒介する存在ということです。この反対に、積善の果報として善因善果で幸せが生まれるとき、それを媒介するのは、守護霊などの善霊による加護なのです。したがって、**結局のところ、幸・不幸は、因果応報の法則によって生まれる**ということです。

また、ごく身近な死者が守護霊になることはありえません。死んだ親や祖父母などが守護霊になることはありえません。守護霊の任についている高級霊の多くが、十代から二十代前の父方か母方の祖霊です。守護霊になるには、死後、天国界に行くだけではなく、天国界でもさらに一定の修業を経て、ようやく守護霊になれる資格がもらえるのです。そのため、十代から二十代前の祖霊が守護霊になっているケースが多いのです。なかにはそれよりもっと古い時代の守護霊もいます。

必ず、あなたと血脈がつながっている遠い先祖の高級霊が守護霊や守護霊団の任につくようになっています。血脈のつながりがあることで、わたしたちに善なる影響力を及ぼすことができるのです。

基本的に一人の守護霊が、一人の人間を導き、守護霊を補佐する守護霊団を率いています。守護霊とは守護霊団のリーダーであり、最高責任者です。守護霊団の人数は数人から数千名までかなりの差があります。その人の社会的な活躍の度合いや魂の磨き具合により、変化します。

守護霊は、はるかな昔に、あなたが今歩んでいる「魂を磨く道」を歩んだご先祖様の一人です。人としての人情の機微をわきまえ、わたしたちの気持ちを十分に理解して、最善の導き方で、わたしたちを育ててくださるのです。**守護霊は、決して、人間を支配したり、束縛したり、強制したりしません。そのようなことをするのはすべて邪霊です。ほんとうの神様や守護霊は、人間の自由意志を絶対に冒さないのです。**

もし、あなたが人として間違った道を進んでいこうとしても、それを守護霊が止めたりすることはないということです。あなたが自分の我欲に従って行動しているときには、守護霊は、ただ見守っているだけです。人は因果応報の法則によって学ぶのであり、その学びを妨げるような過干渉は、絶対にしません。あなたがみずからの悪事によって因果応報の法則に裁かれて、痛い目にあって考えが改まるまで、守護霊は、何もせず、じっと待つのです。

守護霊が動くのは、あなたが正しい心で立志発願をして、努力をしているときであり、また、愛と真心で行動しているときです。そんなときには、守護霊はあなたを強く守り、妨害するものを取り除き、あなたのなそうとすることが成就するように応援してくれます。「やる気」や元気が湧いてきて、困難を乗り越えていけるように支えてくれるのです。

そして、それに加えて、毎日守護霊にお祈りして、緊密にコミュニケーションをとろうとするなら、その祈りに応える形で、いっそう強く守ってくれるようになります。

お祈りという形で、あなたが守護霊に語りかけても、守護霊からのお告げやメッセージは絶対にないということは重要です。**ふとした気づきを与えたり、良き出会いによって道が開いていくという現象で、守護霊は応えてくれるのです。**

因果応報の法則によって、あなたになんらかの災いがやってくるときも、守護霊が強く守護してくれているときは、大難が小難になるように、ギリギリのところで守られ、切り抜けることができるのです。

あなたと守護霊が二人三脚のような形で共同作業できるようになると、持って生まれた運勢以上の成果を達成できるようになるでしょう。これが、自力だけでがんばる人との大きな違いなのです。

守護霊の加護は、あなたが挑戦をやめたり怠惰になって、動かないときには途切れます。また、あなたが慢心したり、傲慢になって謙虚さを失うと途切れます。それから、愛と真心を見失い、冷淡になり、我欲やエゴイズムに染まると途切れます。

そして、もう一つ大事なことは想念の浄化です。すなわち、明るい心、温かい心、軽やかな心を持っていないと、守護霊の導きをうまく受け取ることはできません。想念が暗く、冷たく、重い人は、守護霊と波長が合わず、導きを受け取れないのです。守護霊が住む霊界は、天国界です。そこは、明るい心、温かい心、軽やかな心の世界です。この天国界の想念のあり方に、限りなく近づくことができれば、守護霊の導きをスムーズに受け取ることができるのです。

守護霊のメッセージを欲して、霊能者のもとに足を運ぶ人もいますが、これは非常に危険なことなのでやめるべきです。そもそも、守護霊は、お告げやメッセージなどのオカルト現象をたいへん嫌います。こうしたお告げや霊言は、原則として人を導く手段としてはぎりぎりまで避けられることになっているのです。というのも、お告げやメッセージに人間が依存するようになって、自由意志で生きていくことを怠るようになるからです。

だとしたら、巷の霊能者やサイキックや占い師などに霊力を与えている背後の存在は、ほんとうの神様や守護霊などの善霊ではないということになります。邪霊が守護霊のふりをして、それらしいことを言って人間を翻弄しているにすぎません。その多くは、ハグレ眷属《けんぞく》と呼ばれる霊物なのです。

ハグレ眷属とは、もともと神社のご祭神に仕えていた眷属が、主《あるじ》の元を離れて野生化し、好き勝手な活動をして人間界に干渉しているものです。代表的なハグレ眷属として、稲荷、蛇、天狗、龍などの霊界の生物があります。なかでも、危険なのが、ハグレ眷属の稲荷です。これに祟られることで人生がめちゃくちゃになります。このような霊物とかかわることは極めて危険です。

このような邪霊のターゲットにされやすい人間とは、どのような特徴を持つ人間なのかを知っておくことも大切です。

自分本位な人、打算的な人、自己顕示欲が強い人、支配欲や征服欲が強い人、義の心に乏しい人、恩を仇《あだ》で返す人、報恩感謝の心がない人、他人をあざむき、うらぎることが平気な人、高い志を持たない人、怠け者、努力から逃げる人、愛と真心が乏しい人、強い者にペコペコし弱い者にキツくあたる人。

これらの要素のいずれかにあてはまる人は邪霊の干渉を受けやすいのです。

ところで、ハグレ眷属ではない、本来の神様の眷属とはどのようなものかというと、眷属は神社のご祭神様の配下として、神命を受けて人々に恵みを与えます。その活動はすべて完全に神様に統率されており、神様が許された範囲でしか人間界に事象干渉しません。わたしたちが神様のおられる神域で祈願したとき、それが神意にかなうものであれば神様の加護が授かるのですが、そのとき、実際に神徳をまくばるのは眷属の仕事なのです。

神域が荒廃すると、神様がその神域を離れ、別の清浄な神域に引っ越しされるのですが、そのときに取り残されたり、逃げ出したりする形で、ハグレ眷属が発生しているのです。ハグレ眷属の横行は、古来からの神域を大切に守れなかったわたしたちにも責任があるといえるでしょう。

図２－①　ハグレ眷属　稲荷《いなり》

・元は五穀豊穣をつかさどる精霊（動物のキツネとは無関係）。
・崇敬をやめたり、粗末に扱うと激しい仕返しをする。
・崇敬していると現世利益をもたらすが副作用で霊障（情緒不安定などメンタル異常、狐憑き）をもたらす。
・霊視、霊言、自動書記、霊聴などの霊能を与えて人間を惑わす。
・人間の想念を攻撃し、錯覚、勘違い、うっかりミス、猜疑心、疑心暗鬼を誘発し、大事な時に失敗させる。
・人同士を争わせ、愛のない冷たい心にさせて、もめごとを起こし、けんか、いじめ、関係断絶などの災厄をもたらす。
・スピ系、カルト宗教、カルト団体などに入り込んでいる魔物。

図２－②　ハグレ眷属　蛇神《だしん》

・元は神域の池や泉にいて神の使いとして働く、水の精霊（動物の蛇とは無関係）。
・崇敬していると金運や病気平癒を助けるが、崇敬しなくなると難病や奇病で仕返しをする。
・気、プラーナ、気功、霊的エネルギー、霊気などの類を扱う人にしばしば憑いて悪影響を与える。
・霊視、予知などの霊能を付与し、一部のカルト宗教の霊力源となっている。
・ハグレ眷属ではない自然霊の蛇神は、大切にされた古池、古井戸、滝、泉に発生する。

図２－③　ハグレ眷属　天狗

・元は神木に宿り、神の使いとして働く精霊。
・崇敬していると体力や気力を与えたり健康を増進するが、「天狗の鼻が伸びる」という言葉があるように性格を歪めて傲慢にする。
・神通力や不可思議な力を希求する人に憑く。
・自然霊としての天狗は深山幽谷に発生。

図２－④　ハグレ眷属　龍神

・神の使いとして強い事象干渉力を発揮する存在だが、主の元を離れてハグレ眷属となっても独自の目的をもって人間界への干渉を続けているものも多い。
・大きな集団や組織を作ろうとする場合があり、その組織同士で勢力を争うなど、権力志向が強い。
※龍神についての詳細は前著『魂の黄金法則』をご参照ください。

霊能者、占い師、スピリチュアルヒーラー、スピリチュアルカウンセラー、サイキック、カルト宗教などは、ハグレ眷属のパワーで活動しているケースが多いのです。危険を避けるためには、かかわりを持たないことです。

こうした存在によって病気が治ったり、当面の問題が解決したように見えることもあります。しかしながら、それは決して根本的な解決ではないのです。**パワーの強い邪霊が関与すれば、それよりもパワーの弱い邪霊は、退散します。ちょうど、マフィアの幹部が、下っ端のチンピラを一喝して追い払うのと同じです。それは決して本当の解決ではなく、前にいたものと入れ替わりでもっと邪悪なものが入り込んでくるだけです。**ハグレ眷属の最大の問題点は、神霊と違い、慈悲や寛容性がいっさいないことです。眷属の多くは、出自は自然霊であり、神様によって眷属として召喚されたものです。神威により動かされていただけの存在ですから、霊力、事象干渉力はあっても、そこに愛がないのです。命令によって動く上下関係や、契約、交換条件といったもので動く存在です。この世でいえば、マフィアの組織や軍隊組織のようなものに似ている行動様式です。だからこそ、崇敬をやめたり、粗末にしたり、言うことを聞かないなどの不敬に対して、冷酷なまでの仕返しをしてくるのです。

自分に邪霊の悪影響が出ているかどうかを判断する簡単な方法があります。それは、自分の想念の状態を分析することです。邪霊の悪影響を受けると、過去の嫌な経験の記憶が思い出されてきます。

また、猜疑心、疑心暗鬼にとらわれるようになります。このような悪想念は、悪い引き寄せを起こしますが、邪霊はマイナスの想念を誘発して、開運の邪魔をするのです。対抗策として、想念を良き方向に転換する心がけが大切です。

魂向上実践塾の塾生には、さらに詳細な内容を明かし、さまざまな対処法も伝授しています。中途半端な知識で、ハグレ眷属とかかわりを持つことは、取り返しのつかない事態を招くので、くれぐれもご注意ください。本物の守護霊に正しく守られるためにも、守護霊と邪霊の違いを理解しておくことが大切です。このあたりの知識に関しては『魂の黄金法則』をあわせてお読みくださると理解が深まるでしょう。

魂向上法⑧　愛と真心を持って生きる

●守護霊の加護をさらに大きくするには

守護霊の加護を大きくするには、邪霊の妨害を取り除く必要があります。というのも、生霊やハグレ眷属のほか、さまざまな邪霊が、わたしたちが幸せになる邪魔をするからです。**災いは、因果応報の結果、ふりかかってくるものですが、邪霊はカルマのエネルギーが現実化する出口の部分で作用する存在です。邪霊を駆除できると、災いの現れ方を緩和し、大難を小難に変えていくこともできるようになります。**

そのために、頼りになるのが、推奨神社にいらっしゃる神様です。**推奨神社とは、邪気汚染の非常に少ない限定された神域のことで、著者の造語です。どこの神社でも良いわけではありません。**むしろ、多くの神社仏閣は、霊的汚染度も高いので、そこで願掛けなどをしないほうが良いのです。ハグレ眷属や浮遊霊などが蓄積しているところで願掛けすると、憑依されるリスクがあるからです。

推奨神社のご祭神の加護が加わることで、守護霊による加護は強化されます。その最大の理由は、神様のお力で、幸せを阻害している生霊などの邪霊を祓い清めることができるからです。**開運の邪魔をする邪霊が駆除される結果として、あなたの想念がより早く浄化され、明るく前向きなものに改善され、良き引き寄せが起こりやすくなります。**

推奨神社のご祭神の加護としっかりとつながっておくためには、日常的に思い描いている想念の中身が重要です。あなたが、**愛と真心を持って生きる**ことを心がけ、立志発願をして精進努力を重ねる毎日を送っているなら、あなたの祈りは神様に届きます。また、想念が明るく、前向きであることも重要です。

守られていることを確信し、その加護に対して常に感謝を忘れないことが大事です。何か問題が起きても、それを悪い方に解釈するのではなく、反対に、守られたからこそ、大難が小難で済んだのだという受け取り方ができることが大切です。

このような考え方で過ごしていると、おのずから、感謝と喜びで日々を生きるようになります。暗く落ち込んだり、不安にとらわれたり、焦ったり、愚痴や不平不満をつぶやくこともなくなります。そして、感謝と喜びに満ちた心は、神仏の加護を受け取りやすいのです。

お祈りの習慣をとり入れることで、人生の流れが大きく好転していく体験をする人が多いです。その一方で、お祈りを実践しても、はっきりと効果を実感することができない人もいます。

「お祈りをしたり、推奨神社に参拝しても、なかなか人生が好転しない」と嘆く人の特徴として、想念が暗いことがあげられます。心のなかに、不満、不平、愚痴などがいつもあって、物事に感謝することがなく、文句ばかり言っているのです。

そして、物事の悪い点ばかりにスポットライトがあたり、批判や否定が多い。泣き言ばかり言っている。このような特徴がある人は、自分自身の想念のレベルがあまりにも低いので、高次の存在である守護霊や神様とつながることができません。それゆえ、お祈りも神社参拝も、十分な効果を発揮できないのです。

自分の考え方や受け取り方を改めて、感謝と喜びで日々を送る生き方に軌道修正していくことが大切です。**文句や愚痴が多いのは、正しい人生観を持っていないからです。人生の苦難の根源には、自分のカルマの負債があって、自分が過去にまいた種を刈り取ってい**

るだけなのだという悟りがないからです。

それゆえ、いつも、「自分は被害者だ。自分だけがこんなひどい目にあっている。わたしは悲劇の主人公だ」というように自分をとりまく世界の様子を解釈しているのです。このような世界観のままでは、感謝と喜びで生きることはできません。

そして、感謝と喜びで生きることがなければ、真実の愛の念や真心がなかなか出せないのです。守護霊も神様も、わたしたちが、真実の愛の念で、真心をこめて祈るときに、はじめて、大きく動かれ、天佑神助を授けてくださるのです。**平素のあなたの思考と感情をより良い状態に管理し、想念を明るく軽やかな状態に維持することは、運が良くなるために、必須であるといえます。**

また、守護霊や神様が大きく動いてくださるためには、チャレンジ精神が重要となります。挑戦する生き方です。困難や試練がやってきたとき、それに打ちひしがれて、敗北してしまうようではいけません。人生にどんな苦難がきても、それに立ち向かい、乗りこえていこうとする勇気を持つことが天佑神助を授かるための鍵なのです。

困難や試練を迎え撃つ勇猛の精神を持って生きていくようになると、天佑神助が授かりやすくなります。これは、年齢や性別や社会的な立場などに関係ありません。どんな状況にある人でも、その人なりに、勇猛心をもって、挑戦する生き方をめざすことができます。苦難や不幸に負けてはいけません。そこから不死鳥のようによみがえることができる強靭さを養うことが大切です。

●推奨神社の強大なパワーを授かる方法

守護霊の応援を得る方法は、祈ることと、努力をすることとでしたが、推奨神社の神様の応援を得るには、それだけでは足りません。神様の場合、わたしたちが誠を捧げる必要があるのです。誠とは、真心が行動や形に現れたものです。神様が受け取って下さるだけの誠を捧げるには、どうすればよいかについて解説します。

神様に動いて頂くための第一番目は、推奨神社まで足を運んで、参拝をすることです。自室で祈るだけでよい守護霊とちがって、神様に動いて頂くには、推奨神社まで、わざわざ出向くことが重要なのです。それも一回だけ参拝に行けばそれで終わりということではありません。

毎月、推奨神社まで足を運んで、お祈りを捧げるという行動を、何ヵ月も、何年も、継続することが大切です。定期的に参拝に足を運び、何度もお祈りすることで、神様に誠として受け取ってもらえるのです。

神様に動いて頂くための第二番目は、参拝したら、ただ、お賽銭を入れてお祈りするだけではなく、社務所にてご祈祷を申し込むことです。ご祈祷とは、心願成就などの願目で祈祷室にて、神職による祝詞奏上とお祓いを受け、神様に正式に願いを取り次ぎしてもらう儀式です。

毎月、一回は、ご祈祷を受けることを続けることが大切です。ご祈祷を受けるには、ご祈祷料として五千円ほどを奉納する必要があります。**ご祈祷を月に一度受けるということを何ヵ月も何年も継続することで、神様は、あなたの祈りの誠を受け取り、天佑神助を授けてくださるのです。**

読者のなかには、これを読んで、「現在、収入が乏しいため、神社参拝やご祈祷なんてできない」と、考えている人もいるかもしれません。毎月の参拝が難しい場合は、二ヵ月に一度にしたり、三ヵ月に一度にしたり、実行可能な範囲で誠を捧げるようにすればよいでしょう。

ただし、そんな状況の人に考えて頂きたいことは、現在の金運の乏しさが何故に生じているかについてです。すでに、本書をここまで読み進めてきた人なら、**現在の金運が、前世も含めた過去からの因果応報の結果であることがわかるはずです。過去において、財による施しという善行が欠如していたからこそ、現在の自己に金運の福徳がないのです。**

そのような人が、これから金運を上げて、収入をもっと増やしたいと願うのであれば、心がけるべきことは、積極的に財による施しを他者に向けて実践すべきであるということです。ご祈祷料とは、その推奨神社の神域の維持のための寄進であり、チャリティです。つまり、これ自体が積善としての意味を持つのです。ご祈祷を申し込むという行為は、積善であると同時に、神様に対して、あなたの祈願が真心に基づくものであることを行動で示すものなのです。

人間社会でも誰かに何かを依頼したり、助けを求める場合に、誠意を示すということをするのではないでしょうか。そして、その誠意とは、たとえば、何度も足を運ぶなどの労力で表現されたり、あるいは、遠方からはるばると訪ねてくるなどの労力で表現されたりするものです。そのほか、お土産を持参したり、中元、歳暮などの贈り物をすることで誠意を伝えることもあるでしょう。いずれにしても、なんらかの形で表現をして誠意を伝えるはずです。反対にそうした形がないと、「誠意が感じられない」と受け取られてしまうこともあるのです。

それと同じで、推奨神社の神様に大きく動いて頂き、衰運を祓い清めてもらい、天佑神助の加護を授かろうとするならば、神様に対して誠を捧げるという行動を示す必要があるのです。賽銭箱で5円玉をちゃりんと投げて好きなことを願うだけの人と、威儀を正してご祈祷を申込み、神様に正式にお願い事をする人と、どちらの人により誠が感じられるでしょうか。

神様に加護して頂くためには、あなたのお祈りが愛の念に満ちて、真心がこもるものである必要があります。世のため国のため人のためにつながるような良き願いを祈り、人々に愛をもって向かい、積善を実行することを神様に立志発願することが重要です。神様はそのような祈りに応えて、あなたの人生がグレードアップするように強く後押しして下さるのです。

愛と真心を持って生きることを忘れず、人としての精進努力を実行しながら、神様にあなたが願うことをどんどんお願いしていくとよいでしょう。推奨神社の神様は、就職や学業成就、そして結婚や子宝、家庭内や職場内のもめごとの解決、事業繁栄、病気平癒など、わたしたちの生活の全般を強力に守護して下さいます。

結婚したい願望がある人が良きご縁を探し求める場合、推奨神社の神様に良縁の成就を願うことで、良き出会いの機会がめぐってくるようになります。結婚する相手は、自分の魂の霊格のレベルと同格の相手になります。類は友を呼ぶの法則によって、自分の霊格に似通ったレベルの人とつながるのです。同じ性格という意味ではありません。性格や個性は違っても、総合的な魂のランクが近い人同士が結婚するのです。

ですから、良き人と結婚したいなら、自分の魂を磨き高めることが重要です。本書の内容を実践することによって、あなたの魂が向上したなら、結婚に限らず、この世のあらゆる縁の組成が改まり、低い魂のランクの人が去って、高い魂のランクの人が周囲に集まってくるようになるのです。

推奨神社の神様は、幸せを阻害する生霊や邪霊を駆逐して、災いを大難から小難へと転じて救済してくださいます。また、悪縁を断ち切り、良縁を結んでくださいます。そして、あらゆる人間関係が和合するように導かれるのです。守護霊だけに祈っているよりも、圧倒的に強力な効果がありますので、推奨神社への参拝と祈りは、魂を磨く生き方において欠かせないものなのです。

集団で神社参拝に行く開運ツアーなどを企画している霊能者や占い師もいますが、こうした会への参加は、おすすめできません。例外的に良質のところもあるのかもしれませんが、原則として、企画、主催をしている霊能者や占い師の多くは、ハグレ眷属によって霊視や霊言などの霊能を得ている人々です。かかわることで、自分にも邪霊をくっつけられるリスクがありますし、そもそも、推奨神社ではないところへの参拝はしないほうがよいのです。なぜなら、推奨神社ではないところは、ご祭神様がすでにいなくなっていて、神域がハグレ眷属に乗っ取られた状態のところも多いからです。神域の大部分が邪気汚染し、清々しさが失せて異様な雰囲気になっているところも多いのです。

推奨神社についての詳しい解説とその活用方法は、『魂の黄金法則』で詳述しましたが、本書では、『魂の黄金法則』でとりあげることができなかったいくつかの推奨神社について解説し、少し角度を変えて、推奨神社の神様のご神徳を授かる方法をお伝えします。

魂向上法⑨ 孤独感を克服し、慢心を捨てる

●自分ひとりでなく神様と二人三脚で努力する方法とは？

魂を磨く生き方を、守護霊や神様といっしょに二人三脚で歩いていくような気持ちで、取り組んでいくことができるようになると、魂の向上は一気に進んでいくようになります。これまでのような他者の思惑に一喜一憂する生き方から離れ、自分と神様という尺度で、人生の諸問題について俯瞰《ふかん》していけるようになるのです。

人生のなかで、つまづきそうになるたびに、「神様の眼からみれば、この出来事はどう乗り越えるのがより良い越え方になるのかな」と、神様の尺度で人生のさまざまな問題を観察できるようになります。そして、より高い見地から、俯瞰《ふかん》して、考察できるようになるのです。これは、自分を軸にする生き方から、さらに進化した、神様を軸にする生き方といえる人生観です。

それができるようになると、孤独感からも解放されるようになります。多くの人は、他人に理解してもらえないと嘆いたり、他人に認められないと悲しんだり、他人から良い評価をしてもらえないことに怒ったりします。これらは他人を軸にする生き方であり、苦しみが絶えない、しんどい考え方です。そうではなく、自分を軸にして生きることが重要なのだと先に述べました。

そして、さらに一歩進んで、**神様を軸にして生きるようになれば、孤独感を克服し、慢心を捨てることができるようになるのです**。ほんとうの意味で天下無敵の心になるのです。神様の御心にかなうかどうかを判断の基準にし、神様に喜んで頂けるように生きようと決心するのです。そして、神様の願いにそって、愛と真心で、誠実に努力して生きていくことを生きる指針とするようになれば、それは神様を軸にして生きるということです。

すると、他者からの評価や批判、悪口などは、いっさい気にならなくなるのです。神様の御心に適合する生き方さえつらぬけていれば、ほかの人間にどう思われようと、そのようなことはどうでもいいと思えるようになるのです。承認欲求から解放された状態になるということです。他者の言動に一喜一憂することから、完全に自由になります。これがもっとも強靭な心の状態です。

そして、ここまで到達したら、孤独を怖れることもなくなります。**自分と神様の世界で常に満たされているので、孤独感を感じることはありません。そして、周囲の人々に、ほんとうの愛の念と真心で接することができるようになります。恋人や配偶者にも、親にも子にも、家族にも、友人知人にも、職場の人々にも、自然な愛と真心で接することができるようになります。**

この心の境地に至った人がお祈りすると、すみやかに神仏の感応があります。祈りがしっかりと神様に届いて、祈ったことは、やがて成就していくようになるのです。このような日々を積み重ねていくうちに、何年か経過したとき、あなたは人生が自由自在に開けていく状態になったことを実感できるはずです。この境地に至ることをひとつの目標として魂を磨いていくことが大切です。魂向上法⑨は「孤独感を克服し、慢心を捨てる」となっていますが、ほんとうは「神様を軸にして生きる」と書きたいところなのです。神様を軸にする生き方が会得できれば、結果的に孤独感は克服されるし、慢心を捨てることができるということです。

「毎日神様に人生が良くなるようにお祈りしているのに、逆のことばかり起きるのはなぜでしょうか」という趣旨の質問をしてくる人がいますが、このような人は三つの基本がわかっていないのです。

第一に、人生に起きる出来事は、前世を含む過去からの因果応報であり、もし、前世での積不善が多くてカルマの負債がたくさんあるのなら、今生の人生に、いろいろ厄介なことや面倒なことが起きて来るのは避けられないということです。

第二に、その因果応報の試練があったとしても、あなたの生き方が神様の御心にかなう生き方になってくれれば、しだいに大難が小難になって、災いが起きてもギリギリのところで、切り抜けていけるようになるということです。これが天佑神助というものなのです。

第三に、カルマの負債には限りがありますから、苦難にめげたりせず、地道に積善の生き方を続けていれば、しだいに運命は好転していって、だんだんと悪い事が起こりにくくなっていくということです。

質問者は、この三つの基本がわからないので、気持ちが焦り、疑心暗鬼になってしまったといえます。すぐに結果が出なかったからといって、焦って、取り組みをやめてしまうなら、今まで積み重ねた努力が中途で雲散霧消してしまいます。大事なことは、今の状況が、あまり良くない状況であったとしても、それでも、あなたの祈りによって、神様のご加護が授かっているのだということを認識することです。

マイナスの災いがあまりに大きいので、実感しにくいだけで、確かに神様のご加護によって大難が中難に抑えられたり、小難で済んだりして、実際には救われているのです。これは、自分の心の眼で見つめて、そう受け取ることを自分で選択するのです。

目の前の現実は一つでも、それを「感謝と喜び」で受け止めるか、「不平不満と悲観」で受け止めるかは、自分で選ぶことができます。そして、人は自分が選んだ世界観のとおりに運命がめぐっていくのです。受け取り方しだいで、未来がいかようにも変わるのです。

たとえば、飛び出してきた自転車を避けようとして自家用車をガードレールにぶつけてしまい、車に傷がついたとします。このとき、「なんて運が悪いんだ、最悪の気分だ」と受け止めることもできます。その反対に、「ああ、わたしはなんて運が良いのだろうか。神様に守られて、大事故になるところをこのような小さな傷で済ませて頂いたのだな、神様、ありがとうございます」という喜びと感謝で受け止めることもできるのです。「不平不満と悲観」で受け止めた人は、ますます神仏の加護から遠ざかるばかりです。一方、「感謝と喜び」で受け止めた人は、天佑神助を引き寄せて、どんどん開運していくのです。

困難や苦悩が続くときは、まだまだカルマの負債の返済がたくさんあるのだなと受け止めることが大切です。そして、そんな困難ばかりの日々の中でも、ぎりぎりのところで切り抜けて、前に進んでいけるように守られていることに大いに感謝するのです。守られていることを確信して、感謝と喜びを心の中心にして、試練を乗り越えていくようにすべきなのです。

そうして、忍耐強く、状況が変化するのを待ちながら、魂を磨く生き方を続けていくのです。すると、遅い早いの差はあっても、やがて人生行路が平坦になり、喜びや満足が増える状況になっていくのです。そうなるのに、人によっては数ヵ月であったり、数年であったり、あるいは十数年かかることもあるかもしれません。

これはばかりは、個々の前世から持ち越したカルマの負債の大小によりますので、一概には期限を決められることではありません。それでも、**あなたが、信仰的な生き方を実践するようになると、神様は、あなたにも分かるような形で「あなたのことを守っていますよ」という証《あかし》となるような出来事も、時に見せてくださるようになります。**

抱えている問題の全部の解決にはまだ遠いけれども、その中でも、物事が良い方向に動いたり、部分的に解決したりといった、天佑神助の証も見せてくださるようになるのです。そうした良き事が少しでもあれば、そのことを心から感謝して喜びましょう。そして、神様の加護をいっそう確信して、感謝と喜びで努力する日々を送るように心がけましょう。

そうすることで、いっそう運命の好転は加速していくことになります。**人生における困難をいとわないことが大切です。わたしたちはこの世に魂を磨くために生まれてきたのであり、困難なことは魂を磨くための砥石になるのです。そして、神様の願いとは、第一に、わたしたちが困難を乗りこえて魂を磨き、進歩向上してほしい、ということ。第二に、日本と世界が平和になり、秩序と調和に満ちあふれるようになること、なのです。**

●ご利益や「おかげ」だけを追い求めると落とし穴に

「神様に祈ってるのに困難なことが起きているのはなぜですか？」と質問する人は、因果応報の法則についての理解が浅いといえます。その心には、「おかげ」を目的とする思考が潜んでいます。「おかげ」や現世利益だけを目的にした信仰はきわめて危険なので、これにはまり込まないように気を付ける必要があります。

現世利益を得る（つまり自分の願望や欲望を叶える）ためだけに、神様を信仰するという姿勢は、魂を磨く人生の目的から外れる危険があります。**人間は本来、魂を磨くために生まれてくるのであり、神を敬うのは、魂を磨く修業の道しるべとしてなのです。**

その基本を忘れて、神様を自分の願望実現のための道具のように見なしているものを「おかげ」を目的とする信仰というのです。これは大変危険な考え方です。霊的なパワーを己の欲のために動かそうとするのは、信仰というより呪術の類であり、西洋の黒魔術などもこれに該当する外道です。

外道の信仰をすれば、外道の霊がそれに感応して寄ってくるのです。それは浮遊霊や地縛霊などの不浄な霊であったり、ハグレ眷属などの魔物であったりします。そのような邪霊と感応することで、悪想念が生じるようになり、しだいに人の道を外れていくのです。その結果、ほんとうの神様から見放され、守護霊からも見放されます。たとえ、一時の現世利益を得たとしても、最終的には悲惨な末路を迎えることになります。死後、霊界に行っても、間違った生き方を重ねた罪を、永きにわたってつぐなうことになるのです。

魂を磨くという、人としてもっとも大切な生まれてきた目的に合致する生き方をしていくことで、カルマの負債がしだいに減り、神様のご加護がしだいに大きくなります。その結果として、開運する出来事も、理想の実現も、神様から見て最善のタイミングで授かるのです。つまり、幸運や願望成就は、あくまでも魂を磨く生き方の結果です。最初から、欲心の成就だけを目的にして、神仏に祈るのなら、邪霊と感応して、人生がおかしな方向に歪んでいくことになるのです。この世での幸せの成就を願うことがいけないというのではありません。この世で幸せになるために努力をすることは、良きことです。この世に生まれてきた以上、わたしたちには、幸せになる責務があるといえます。

この世で叶えたいさまざまな願いの成就を神様に祈り、その実現に向けて精進努力することで魂は磨かれるのです。それゆえに、夢と希望を持ち、その実現を目指して、前向きに生きる姿勢はきわめて重要です。

大事なポイントは、この世に生きる第一の目的は魂を磨くことであり、それが主だということ。主に対して従であるのは、この世のさまざまな願望の成就であるということです。この主従が逆になることがないように、心がけることが大切です。

●神様に魂を磨いていただくという生き方

カルト宗教や霊能者や占い師などに依存することが危険であるのは、こういった人物や集団の背後には、多くの場合、ハグレ眷属と呼ばれる邪霊がうごめいているからなのです。邪霊の能力を背景にする人の多くは傲慢です。謙虚さがなく、慢心していて、聖者の生まれ変わりと称したりするので、社会常識のある人からは、怪しい人としか思われません。偽物の特徴は、愛と真心がなく、傲慢であることです。人相や外見や雰囲気が異様であったり、品性に欠けるところが散見される傾向があります。

人は自分で試行錯誤して、失敗を重ねることで魂を磨いていくためにこの世に生まれてきます。間違うことや、失敗することは、貴重な学びであり、体験であり、それがあるからこそ、魂が磨かれて、進歩向上できるのです。

霊能者や占い師の多くは、そのことを知らず、**お告げや予言や占いで、相談者に先を教えて依存させ、人々の自由意志を損なうゆえに、天地神明の道から外れるのです。その結果、次第に神様から離れて邪霊に支配されるのです。**

一方、最も素晴らしい生き方とは、社会活動のすべてを神様の御用のためのご奉仕だと受け止める生き方であるといえるでしょう。あるいは、己の生きざまのすべてを神様に奉納する心がけを生涯をかけてつらぬくという表現もできます。

このような境地に至ることで、結果的に、魂の三局面すべてをバランスよく磨けることになります。なぜならば、**神様を第一にして生きている人には、神様による導きが常に授かるので、神様がその人の魂を最善の順番でバランスよく磨いてくださるからです。**

これは、神様に魂を磨いて頂くという姿勢といえます。自分の我見で考えるのではなく、神様におまかせし、目の前のことに全身全霊で精進努力をするということです。そのとき、すべてを神様に奉納する心で行うので、あらゆる努力が積善の意味をより大きく持つようになります。積善による福徳の果報も大きく授かるので、幸福感に満ちた人生となります。これがもっとも理想的な在り方といえるものです。

この境地に至れば、先のことをあれこれ迷って、霊能者や占い師にアドバイスを求めて通う必要性がまったくなくなります。何があろうと大安心の境地で明るく前向きに努力して生きていけるようになるのです。

守護霊や神様の加護がストップしてしまう原因のひとつが、慢心してしまうことです。神仏の加護を受けて人生が良い方向に変化し始めたときに、人はしばしば、慢心の過ちを犯します。

守られているからこそ、人生が好転してきているのに、その守護への感謝を忘れ、自分の力で成功したかのように錯覚をして、慢心してしまうのです。そうなると、守られていたのがぴたりと止まり、しだいに物事がスムーズに進まなくなります。慢心には要注意です。この他、我見にも気をつける必要があります。我見とは、自分の考え方や尺度にこだわりすぎて、それを周囲の人に押し付けようとする心です。他者を批判したり裁く心が出てくると、その分だけ愛の念から遠ざかることになります。我見が出て来ると、神様の加護は弱まってしまいます。

●推奨神社で最初に祈るべき内容とは？

推奨神社のご祭神は、守護霊よりもはるかに進化した位置にいる存在であり、わたししたちに、この世での恵みを授け、魂を磨く修業の道を守り導いてくださいます。就職や結婚の縁を結んだり、子宝を授けたり、良き仕事や収入の願いを叶えたり、学業成就、病気平癒など、さまざまな加護を授けてくださいます。ただし、観光気分での気軽なお参りでは、効果はほとんどありません。

参拝したら、拝殿（本殿）の前で、無事に参拝できたことの感謝を申し上げて、日々守られていることに感謝しましょう。そして、まず、日本と世界の平和と人類の救済を祈りましょう。戦乱が世界からなくなり、衣食住が欠乏して苦しんでいる人々が救われるように。そして、日本の国が抱えるさまざまな問題を克服して、素晴らしい国になり、国民がすべて豊かに暮らせる国になるように、自分なりの表現で神様に祈りを捧げましょう。

本書のコラムで、日本の国が抱える問題をいくつかとりあげていますが、こうした諸問題の解決について推奨神社で祈るとよいのです。そのような大きな観点から人々の救いと幸せを祈願し、その次に、自分自身の抱える悩みや願いについて、神様にご加護をお願いします。

神様を動かしていくには、大義の道といえる大きな願いから祈り始めることが重要です。人類愛や愛国心や道義心がある人ほど、神様から見て、守りたい人物ということになります。ですから、自分の意識を拡大し、日本の国を守ることや、より良くすることに関心を持つことが大切です。そのためには、ある程度の知識も必要となりますので、本書のコラムでは、これに関する内容をまとめています。

日本が守られますようにと願うことは、すべての推奨神社の神様がわたしたちに求められていることなのです。

神様は、この世に肉体を持つわたしたちが、愛の念と真心で祈願したことについて、はじめてこの世に大きな神力を示現させるような事象干渉ができるのです。なぜなら、**この世界は宇宙創造主のおつくりになった因果応報の法則のもとにありますから、推奨神社のご祭神様であっても、それを勝手にねじまげたり、改変したりは許されません。しかし、わたしたちが、至誠の祈りで願うなら、その至誠に応じての加護は許されているのです。**

人類の歴史の開闢《かいびゃく》以来、人類が集合体として積み重ねてしまった積不善があります。個人の因果応報があるのと同じで、家という集団にも家代々の因果応報が働いています。（個人と家のカルマは相応関係にあります）。積善の家が栄え、積不善の家が最終的には滅ぶのもそのためです。そして、国家という単位でも因果応報が働くのです。このような大きな単位で働くカルマは、時に大災厄をもたらします。このような巨大な負の力をくい止め、大難を小難へとふりかえていく救済力を示現させるために、必ずそこにわたしたちの至誠の祈りが存在しなければならないのです。

つまり、誰かが人類を代表して祈らないと神様も動くことはできないのです。あるいは、**誰かが日本国民を代表して祈らないと神様も動くことはできないのです。そして、日本が二千年以上にわたって存続してこれたのも、皇室が常にあって、天皇陛下という御存在が、天地神明に、日夜、国の民の幸せを祈り続けてくださっているからなのです。このような国は、世界にたったひとつ、日本しかありません。**

世界や国の姿がより良いものに変容するには膨大な時間がかかりますし、たくさんの人々が実際に行動していかないとできないことです。しかし、そのような流れを世に生み出す無形の機運をもたらすためには、愛の念と真心で、国や世界の行く末について真剣に祈る人の存在が不可欠なのです。なぜなら、人の思いは人生を創造し、人類全体の思いは、人類の未来を創造しているからです。

日本も世界も救うため、一人でも多くの愛国者による真剣な祈りが必要です。そうした大きな願いをまず祈願し、そのうえで、自分の願望、たとえば、仕事や健康に関する願いや、人との縁を結ぶ願いなどを神様にお願いするとよいのです。そうすることで、よりいっそう大きなご加護を授かることができ、あなたの人生は、より良い方向に向けて変化していくことになるでしょう。

●やってはいけない！間違ったお祈り

お祈りによって神様が動いてくださることを体験すると、人生観が好転し、利他の心がより大きくなるものですが、ここで注意が必要です。それは、やってはいけない間違ったお祈りというものがあるということです。その典型的なものが、何かの不幸や苦しみと引き換えに、自分の願いを聞き入れてもらおうとする祈り方です。たとえば、「わたしはどうなってもかまいませんので、どうか、この子の命を助けてください」あるいは、「わたしの命と引き換えに、愛する人の病苦を救ってください」といった祈り方が典型的な間違ったお祈りです。神様は、大いなる愛の存在ですから、あなたも救われ、人も救われ、皆が救われる祈りこそが、正しい愛の祈りなのです。誰かが不幸になることで成就するような祈り方は、ほんとうの神様の御心には合いません。そのため、こうした祈り方をしても、神様は反応してくれないのです。ところが、ハグレ眷属は、こうした祈りでも聞き届けるのです。その結果、願いも叶う代わりに、祈ったとおりの不幸が自分に起きてくることになります。このような祈りは、積善ではなく積不善となります。わが身を呪ったと同じ罪となるのです。我が子の幸せも愛する人の幸せも、ただ、それを祈れば良いのであり、何かと引き換えにする必要などありません。

●代表的な推奨神社

推奨神社のご神霊に守られるには、その神社まで足を運び、正式な参拝としてのご祈祷を受け、真摯《しんし》に祈りを捧げることが必要です。参拝に際しては、あまり境内をうろうろせず、まっすぐに本殿や拝殿に向かいましょう。そこで入念にお祈りをし、そのうえで社務所にて、ご祈祷を申し込むようにします。

推奨神社に参拝し、ご祈祷を受けると祈祷札が授かります。この祈祷札は、自宅にておまつりし、毎日のお祈りをするときは、この祈祷札にむかってお祈りするとよいです。毎日、神棚の前で、二礼二拍手一礼して、合掌瞑目し、神様に語りかけるつもりで心の中でお祈りをします。小声で発声して祈ると、より集中できるでしょう。

自宅での毎日のお祈りも、まず感謝の言葉を伝えるところから始め、世界の平和と日本の国と国民があらゆる災いから守られるように祈り、その次に、自分が魂を磨くことに関する願い事を申し上げるようにします。現実的で具体的な問題解決の願いはその後で申し上げるとよいでしょう。

祈祷札には、図3のように、榊、水玉、米、塩、ろうそくを配置し、立ったときの目線よりも高い台の上に置くようにします。

推奨神社は、邪気汚染が少なく、ご祭神が健在で、清浄な神域であり、全国でも限られたところです。ここでは、著者の作成したリストのなかから、代表的な推奨神社を十二社、とりあげて解説します。

※ サカキとミニロウソクは、それぞれ一対にします。サカキは枯れてきたら交換。
※水、塩、米のならべかたは何通りかありますが、どのやりかたでも可。
※立ったときの目線より高い位置におまつりします。
※水玉の水とサカキの水はお祈りの前に交換（一日一回交換）。
※お米とお塩は、週に一回程度を目安に交換。
※三峯神社の御眷属拝借札は別に分けて単独でおまつりしてください。

図３　祈祷札のおまつりのしかた

※祈祷札の裏面に授かった日付をメモしておく。一年経過したら古札納め所に納める。
※神社のミニチュアのようなお社は不要。祈祷札だけを安置。
※推奨神社の祈祷札だけをおまつりし、他の神社仏閣の物は置かない。
※推奨神社同士は複数をまとめておまつりできます。
※同じ推奨神社の祈祷札は重ねてよい。違う推奨神社の祈祷札は並べる。
※ミニロウソク（５分間ロウソク）に点火してお祈りを始める。
（お祈りの途中でミニロウソクが燃え尽きてかまいません。）

岩木山神社《いわきやまじんじゃ》（青森県弘前市百沢字寺沢27）

この神様は、北方からの敵の侵入から、我が国を守ってくださる神様です。わが国の周囲には、核武装した国が三つもあり、いずれの国も好戦的で、他国民を迫害する行いを重ねています。このような諸外国による侵略から、日本の国と民が守られ平和が維持されるように祈りを捧げることが大切です。日本を中心とする世界平和についての大きな願いを祈願してから、個人的な願いを祈るようにしましょう。

太平山三吉神社《たいへいざんみよしじんじゃ》（秋田県秋田市広面字赤沼3-2）

この神様は、勝利の神様であり、人生におけるあらゆる戦いに勝てるよう守られます。世のため国のため人々のために尽くす大きな志を持って祈ることで、より大きな加護を授かることでしょう。人生の戦いとは他者との戦いばかりではありません。自分のなかに潜む弱い心や怠け心との戦いも重要です。魂を磨いて進歩向上するうえでのあらゆる戦いに打ち克っていけるよう祈りましょう。

榛名神社《はるなじんじゃ》（群馬県高崎市榛名山町８４９）

この神様も、勝負運に霊験があります。戦いに勝たせる神様です。戦時中、この神社のご神体を戦艦榛名の艦橋に分祀していたことは有名です。その結果、戦艦榛名は参加したすべての戦いを生き抜き、沈むことはありませんでした。終戦になり、ご神体を船から下した後、爆撃されて破損し、解体されたのです。戦艦榛名は、開戦時すでに艦齢26年の老朽艦でしたが、つねに最前線にあって主要海戦の多くに参加して、決して撃沈されなかった奇跡の戦艦です。人生に向かう時、苦難や迫害に負けず、攻めの精神で挑戦していくなら、この神様の加護の方向性にぴたりと合うので、より守られることでしょう。

香取神宮《かとりじんぐう》（千葉県香取市香取1697）

国家を守る破邪顕正の神様です。武道の守護神としても知られるように、強い意志力、荒魂の力を授けてくださいます。物事に中途挫折しやすい傾向の人は、この神様の加護を願うとよいでしょう。参拝に際しては、まず、日本の国が守られるよう、侵略されないように祈ることが大切です。そのうえで精進努力の荒魂の強化を願うとよいでしょう。邪悪な人物を遠ざけて、いじめや迫害からも守ってくださいます。

弥彦神社《やひこじんじゃ》（新潟県西蒲原郡弥彦村弥彦2887）

この神様も、意志力を強化して下さる神様です。そして、国造りや産業発展の加護も霊験あらたかです。上杉謙信の崇敬も篤く、川中島の決戦に赴くに際して天佑神助を希う祈願文を納めています。良寛もしばしば弥彦神社にお参りしていたそうです。日本の国が豊かになり、国民が貧困から救われ、治安も良くなるように祈りましょう。また、邪気や邪心を打ち払う剣《つるぎ》の神としてのご神徳もあります。心の中に魔を払う剣が授かるように祈るとよいでしょう。

諏訪大社（上社本宮　長野県諏訪市中洲宮山1）

七年ごとに行われる御柱祭《おんばしらまつり》が有名なように、この神様は人生や事業や運勢に、揺るぎない柱を立ててくださる神様です。その人の中に柱を立てて運勢を立て直して、幸せに導いてくださるのです。幸運の追い風を吹かせ、新しい物を生み出す創造性も授けて、あらゆる戦いに勝利するよう守ってくださいます。自分の中に揺るぎない柱が立ち、迷いや苦境から脱却できるよう祈るとよいでしょう。

白山比咩神社（石川県白山市三宮町ニ105−1）

主祭神は白山比咩大神《しらやまひめおおかみ》です。伊邪那岐尊《いざなぎのみこと》、伊邪那美尊《いざなみのみこと》も祭神となっています。主祭神の別名、菊理媛命《くくりひめのみこと》は、黄泉の国でイザナギとイザナミが言い争った時にそれを仲裁した女神です。「和合の神」「縁結びの神」として崇敬されています。敵対するものは和合し、切れるべき縁は切れ、結ばれるべき縁は結ばれるようにお祈りするとよいでしょう。

気比神宮（福井県敦賀市曙町11−68）

主祭神は、伊奢沙別命《いざさわけのみこと》で、気比大神《けひおおかみ》と申し上げます。古来、北陸道総鎮守と仰がれ、産業発展と衣食住の平穏に霊験著しいと伝承されています。境内には延命長寿の湧水「長命水」があります。また、祈祷待合室に、歴代のすべての天皇陛下の象像画が掲げられています。日本の国運隆昌、皇室の弥栄を祈りましょう。

廣田神社（兵庫県西宮市大社町7番7号）

ご祭神は、天照大御神之荒御魂《あまてらすおおみかみのあらみたま》です。第十四代仲哀《ちゅうあい》天皇の急死により、神功皇后《じんぐうこうごう》が政治を執り行なわれた頃、馬韓、弁韓、辰韓の三韓が反乱。神功皇后はお腹に子（のちの応神天皇）を妊娠したまま海を渡って朝鮮に出兵、三韓を征伐されました。三韓は戦わずして降伏し、平和が成りました。皇后が三韓征伐の帰途、兵庫の港で神意をうかがうと「荒魂を広田に置くように」との天照大御神《あまてらすおおみかみ》の託宣がありました。これが廣田神社の創建です。

三韓征伐の故事からもわかるように、争いを鎮めて世の平和を成らす神であり、精神に光明をもたらす神様です。

吉備津神社（岡山県岡山市北区吉備津931）

ご祭神は、大吉備津彦命《おおきびつひこのみこと》です。破邪顕正の神であり、平和と秩序をもたらす神様です。大吉備津彦命は、桃太郎伝説のモデルになった人物とされています。第七代孝霊天皇の皇子であった大吉備津彦命は、四道将軍の一人として、岡山地方を平定するためにやってきて、この地を荒らしまわった邪悪な鬼を退治したと伝わっています。世の邪悪が祓われ、正しき者が守られるように祈りましょう。

筥崎宮（福岡県福岡市東区箱崎1-22-1）

筥崎宮は筥崎八幡宮《はこざきはちまんぐう》とも呼ばれています。第十五代応神天皇《おうじんてんのう》が主祭神です。平安時代中期に創建されました。鎌倉時代の蒙古襲来（元寇）のとき、亀山上皇が「敵国降伏」の御宸筆を下賜し、日本の安寧を祈願したところ、神風が吹き蒙古軍は撤退しました。この故事から、「勝運の神」として崇敬されています。争いを鎮め、侵略から守る神様です。参拝の際には、日本の国があらゆる侵略から守られるように祈りましょう。

阿蘇神社（熊本県阿蘇市一の宮町宮地3083-1）

阿蘇神社は肥後国一宮です。神武天皇の孫とされる健磐龍命《たけいわたつのみこと》、その妃神で土地神の阿蘇都比咩命《あそつひめのみこと》をはじめとして十二柱の神を祀り、「阿蘇十二明神」と総称しています。初代天皇である神武天皇は、東征を終えられた後、一度、日向国に戻られ、阿蘇山麓に宮を造営され、九州全域を治めたと伝承されています。国づくりの神であり、人生万般の願いが叶います。

宮崎神宮（宮崎県宮崎市神宮二丁目4-1）

神日本磐余彦尊《かむやまといわれひこのみこと》つまり神武天皇を主祭神としています。神話によると天孫ニニギノミコトから数えて四代目として、神武天皇が日向国でお生まれになりました。参拝したら、まず、国運隆昌と皇室弥栄を祈りましょう。日本の国運は天皇陛下に連動しているため、皇室をお守りすることこそ、日本の国を守ることにつながっています。

●三峯神社《みつみねじんじゃ》のご眷属について

前著『魂の黄金法則』では、本書とは別の推奨神社を十一社とりあげて解説しました。あわせると二十四社になりますが、推奨神社は、この二十四社のほかにも存在します（魂向上実践塾の塾生には、判明しているすべての推奨神社を公開しています）。

『魂の黄金法則』でとりあげた一社に、三峯神社があります。埼玉県秩父市にある神社です。三峯神社に参拝すると、通常のご祈祷のほかに、ご眷属拝借《けんぞくはいしゃく》というご祈祷があります。三峯神社のご眷属は、四足退散や災難除けに霊験あらたかで、降魔調伏の守り神として知られています。ご眷属拝借で頂いた拝借札は、図3のように、推奨神社の祈祷札とは別にしておまつりし、特別な注意点を守って大切に崇敬することで、絶大なお力で災いから守られるようになります。また、年一回、新しいご眷属拝借札に更新をする必要があります。

特に、ハグレ眷属の霊的障害で悩んでいる人にとって、その災いから、自分と家族を守るための強力な守り神となるのです。ただし、活用に関して細かいポイントがあり、それを学ばないとほんとうの霊験を引き出すのは難しいので、魂向上実践塾の塾生になった方に、個別に指導する形で方法を伝授しています。塾生の中には、ご眷属拝借をするようになって、長年、断絶状態だった家族と和解できたり、家族がカルト宗教から脱会できたりといった、奇跡的な人生好転の救いを授かっている人もいます。

本書を読まれた一般の方がやってみたい場合は、三峯神社の社務所で指導されている内容を遵守すれば、安全な形でご神徳を授かることができます。三峯ご眷属様は、特別な種類のご眷属であり、寛容性があり慈愛の深い御存在です。ですが、強い霊験がある分だけ、粗末に扱うと戒められることもありますから、祈りを絶やさず、礼節と感謝を形に現すことが重要です。くれぐれも、御利益欲しさの安易な取り組みは慎むようにしてください。

推奨神社への参拝においては、本殿や拝殿などの中心となるところで入念にお祈りをして、ご祈祷を受けるのが基本的なやり方です。パワースポット巡りの本で勧められているように境内のあちこちを回ったり、摂社や末社をひとつひとつ拝んだりすることはしないほうがよいです。そういう場所には邪気が滞留しているからです。三峯神社に参拝する場合も、本殿のところでお祈りし、ご祈祷を受けることが大切であり、奥宮周辺を含むあちこちらをうろうろしないことが重要です。

三峯神社《みつみねじんじゃ》の御眷属様《ごけんぞくさま》

画・久保征章

●天佑神助を得て豊かな人生を生きる極意

推奨神社に参拝することを毎月欠かさない習慣にして、天地神明に恥じない生き方を続けていくと、しだいに天佑神助が授かるようになります。**神様は、あなたの生き方が一時的な信心ではなく、「おかげ」や御利益ばかりを目的とする射幸心ではなく、魂を磨くことを第一にしたものであるか、あなたの歩みをご照覧されています。**

そして、あなたの定期的な参拝や毎日の神棚の前でのお祈りなどが、変わらぬ生き方として継続されているのかを見ておられるのです。正式な立志発願の参拝をスタートしてから、一年、三年、五年、十年、十五年と続けている様子を見ておられるのです。こうした節目のときには、なんらかの人生好転、神の加護の証が体験されることでしょう。

魂向上実践塾の塾生でも、推奨神社への参拝を続けて、三年目に大きく人生が好転したり、五年目に長年の夢が叶ったり、十年で組織のトップに大出世したり、というように、年月をかけて実践していくことで、大きな天佑神助を授かっている事例が多いです。

目の前に大きな災難があったり、苦悩を抱えている場合、推奨神社に正式に参拝を続け

ることで、早い段階で当面の苦難から救済されるケースも多いです。大難が小難になったり、無難になって救われるのです。ですが、そこから、人生をほんとうの意味で盤石なものに整えるためには、変わらぬ実践が大切です。

そもそも、あらゆる人生の苦難の根本にあるのは、自分の負のカルマです。つまり、過去からの因果応報が働いて、目の前に困難な状況が起こっているのです。それを解決するには、第一に、自分自身の現実的な努力が必要です。神様の加護は、その努力の上に加算される形で授かるのです。

そして、当面の難が去ったあと、あなたがそこからどうするかを神様はご照覧されています。苦しみが去れば、とたんに敬神の念を忘れて、元の自分に戻って、これまでと変わらぬ生き方になってしまうのか。それとも、学び得た正しい生き方をその後も維持し、積善の道を歩むのか。それを試されているのです。

神様による恩赦を授かり、大難が小難になったり、願いが叶えられたにもかかわらず、神恩を忘れ、まるで自分の実力だけで成し遂げたように錯覚してしまう人もいます。仕事や日常の多忙にかまけて、お祈りや参拝をおろそかにしていくケースです。

このような人の心には必ず慢心があるので、神様は戒められます。そうなると、得たものを失ったり、トラブルが生じて、しだいに行き詰ったりするのです。

これはなぜかというと、本来は、みずからの因果応報のあがないのために、大きな困難や行き詰まりが起きるところだったのを、神様が天佑神助を与えて難を退け、守ってくださっていたのです。それなのに、その神恩を認識できず、忘恩の徒となってしまったために、加護が遠のいたのです。

加護が遠のけば、たちまち、自分本来の因果応報のあながいが噴出します。神様がカルマのあがないをソフトランディング方式にふりかえてくださっていたのが、その抑えがなくなり、下駄をはかせてもらっていた部分がなくなったのです。いうなれば、これまでは分割返済が許されていた借金に対し、急に一括返済を求められるようなものです。

このような失敗をしないためにも、**常に、神様を第一にした生き方、そして、魂を磨くことを第一にした生き方を、自分のなかに固く守って、生きる指針としていくことが肝要です。これを称して、神様を軸にする生き方というのです。**自分を軸にする生き方の、さらに上のレベルです。神様を軸にする生き方を確立できたら、永続的な天佑神助に守られて人生をまっとうすることができるのです。

そして、会得した神ひとすじの生き方を終生の道として、つらぬいていく人には、ご神霊は大いなる加護を授けてくださるのです。**神様の御用を務める気持ちで積善を続けるような人には、その道を開いて、本来の運より素晴らしい運へと導いてくださるのです。**これが、天運という運です。天佑神助による加算がついて、持って生まれた運を超えたものが授かっていくようになるのです。自分のエゴだけで、我欲のためだけに生きる人間には絶対にこのようなことは起こりません。我を捨て、大義の道に生きる人には、神仏も加護を惜しまないのです。

そのような人になるための、魂を磨く良き指針となるのが、教育勅語です。教育勅語は明治天皇のお言葉として発表されたものですが、その内容は、魂を磨く生き方そのものを現わしているものといえるでしょう。漢文調の原文と、現代語訳されたものが存在しますが、本書では、わかりやすい現代語訳されたものを紹介しておきます。原文は明治神宮でも入手することができます。

教育勅語の口語文訳（国民道徳協会訳文による）

わたくしは、わたくしたちの祖先が、遠大な理想のもとに、道義国家の実現を目指して日本の国をおはじめになったものと信じます。そして、国民は忠孝《ちゅうこう》両全《りょうぜん》の道をまっとうして、全国民が心を合わせて努力した結果、今日《こんにち》に至るまで、見事な成果をあげてまいりましたことは、もとより日本のすぐれた国柄の賜物と言わねばなりませんが、私は教育の根本もまた、道義立国の達成にあると信じます。

国民の皆さんは、子は親に孝養をつくし、兄弟・姉妹はたがいに力を合わせて助け合い、夫婦は仲睦まじく解け合い、友人は胸襟を開いて信じ合い、そして自分の言動をつつしみ、すべての人々に愛の手をさしのべ、学問を怠らず、職業に専念し、智識を養い、人格をみがき、さらに進んで、社会公共のために貢献し、また、法律や、秩序を守ることは勿論のこと、非常事態の発生の場合は、真心をささげて、国の平和と、安全に奉仕しなければなりません。そして、これらのことは、善良な国民としての当然の努めであるばかりでなく、また、私たちの祖先が、今日まで身をもって示し残された伝統的美風を、更にいっそう明らかにすることでもあります。

このような国民の歩むべき道は、祖先の教訓として、私たち子孫の守らなければならないところであるとともに、この教えは、昔も今も変わらぬ正しい道であり、また日本ばかりでなく、外国で行っても、間違いのない道でありますから、私もまた国民の皆さんとともに、父祖の教えを胸に抱いて、立派な日本人となるように、心から念願するものであります。

教育勅語の内容を読んだ人は、その道徳観が普遍的なものであり、世界のどこの国で提唱されても、まったく違和感のない内容であることがわかるはずです。事実、教育勅語が発表されたとき、アメリカやドイツなどの欧米でも高い評価を受けています。ところが、敗戦後、占領軍によって教育勅語は「軍国主義の源泉」と断罪され、その圧力で国会は「失効確認と排除決議」を行ったのです。

この結果として、日本人の精神から、道義心の柱が打ち砕かれるようにして消滅したのです。これが、今の日本人のなかに道義心がなくなっている真因です。これが日本人の霊性を破壊したといえます。教育勅語に説かれている教えは、明治時代よりもはるか以前から日本人のなかに常識的な道徳として受け入れられていた内容ばかりです。それを教育勅語として明文化していたにすぎません。

この普遍的な道義心の結晶を、わざわざ国会で、失効と排除を宣言したわけですから、これは、考えてみれば、恐ろしい自己否定、モラル破壊といえます。ここから日本の国は狂い始めたといえるでしょう。いまこそ、わたしたちの手で、日本人の高い道義心を取り戻す必要があります。そのためにも、教育勅語の復活は必須といえるでしょう。少なくとも家庭教育の場で、親が子に代々にわたって教え、受け継いでいくべき財産です。小学生の子がいる家庭なら、夕食の前などに教育勅語の口語文訳を親子で音読することを日課にするとよいでしょう。著者もそのようにしてきました。

●高齢者と呼ばれる年齢になったとき、どう生きればよいか

高齢化社会と呼ばれて久しい日本ですが、高齢者と呼ばれる年齢にさしかかったとき、どのように生きるのが最善なのでしょうか。わたしたちには宇宙創造主から与えられた自由意志がありますから、どのような生き方をするのも本来自由です。ただ、そこには必ず因果応報の法則が働くため、注意が必要です。

魂を磨く生き方という観点から、晩年の過ごし方を考えてみることは大切です。今の自分にできる範囲内で安楽に生きる限り、神様の大きなご加護は必要ありません。せいぜい守護霊の見守りで十分ということになります。そうではなく、今の自分の枠を超えて、チャレンジをしていくからこそ、その不可能を可能に変えるために大きなご神霊が動かれ、天佑神助が授かるのです。

つまり、**限界を超える努力をして、リスクを怖れずにチャレンジするのであれば、その内容に応じて、守護霊がもっと高位の霊に交替したり、守護霊団が増員されたり、推奨神社のご神霊がじきじきに動かれてのご加護が授かるのです。**その結果、自分の壁を越え、

限界を突破し、不可能を可能に変えていけるのです。そうして、あらゆる物事が滞りなく発展して、成就するということです。

一方、高齢者になったとたんに守りに入ってしまう人もいます。もちろん、年齢相応の健康への配慮や過度の無理を控えることは、悪いことではありません。むしろ、高齢者になれば、アンチエイジングや健康増進の努力は、優先事項となるでしょう。しかしながら、新しいことに挑戦する気持ちや、何かを学び、習得し、向上していこうという気持ちを失うことだけは避けるほうが良いのです。

なぜなら、向上心やチャレンジ精神を失うと、とたんに天佑神助は緩やかになり、早めに天寿をまっとうしてしまうことにもなりかねないからです。会社を退職してから、急に病気になって死んでしまう人がいるのも、目的に向かって進むパワーがなくなったためなのです。大きな役目を終えて、ホッとしたら、急に癌になって亡くなったなどです。

高齢者になっても、人生に志と向上心を持って、努力を重ねる生き方。それに対して、もう年だからと、あきらめと逃げで守りに入る生き方。どちらがより大きな積善ができるか、どちらがより魂を磨けるか、それは言うまでもありません。**人間は死ぬまで、挑戦する生き方を選ぶのが最善なのです。挑戦に挑戦を重ねる中で、途中で、道半ばで倒れるぐ**

らいの終わり方でよいのです。

本書で説いたように、神様と二人三脚で人生を歩む人は、天が味方しますので、全財産を失うような大失敗や大きな事故からは守られます。経験と学びのための小さな失敗はあっても、それを乗りこえて晩年まで繁栄していけるようになります。そして、晩年になっても、多忙に生きて、その真っ最中に天寿を終えるなら、神様から見て最善の生き方だといえるのです。もし、孤独死するようなことがあっても、あなたの霊魂は、神様や守護霊団の加護に包まれて、生前の生き方にふさわしい、素晴らしい霊界へと導かれることでしょう。神様を軸にする生き方をまっとうした人は、何も怖れるものはない、ということです。

「自分が死んだあと、残された子や孫のことが心配です」という人がいますが、このような心配は一種の悪想念となります。**子にも孫にも、それぞれに守護霊がついていて、それなりに因果応報の法則のもとで魂を磨いているのです。子孫のことは彼らの守護霊や神様にすべておまかせし、この世の天寿を終えたら、心のけじめをつけ、霊界生活に向かうほうがよいのです。**

そうしないと、この世への執着心のあまり、正常な形で霊界に移行できず、地縛霊や浮遊霊となってこの世に取り残される恐れもあるのです。いちばん問題となるのは心配のあまり残された伴侶や子などに憑依してしまうことです。守護霊の資格がないのに人体に憑依することは大罪ですので、後から相応のつぐないが待っています。子孫への過剰な執着は積不善となることを心得ておくことが大切です。

●悟りや霊的向上の道に終点は存在しない

スピリチュアル系の人や、ヨガ、気功、太極拳などをしている人で、しばしばみられるのが、「わたしは悟った」と大言壮語している人です。これは、自分が無知迷妄であることをみずから公開しているようなもので、たいへん恥ずかしいことです。なぜならば、そもそも、悟りに終点はありません。少し仏教をかじって、「人は悟ると涅槃寂静《ねはんじゃくじょう》の世界という終点に到達する」と錯覚している人がいます。そんなことはありえないのです。

この宇宙が無限に広がり、終点が存在しないのと同じように、霊的向上や悟りの道には、

進化の終点はないのです。永遠無窮に向上し続ける道があるだけです。

それゆえに、江戸時代の臨済宗の高僧、白隠禅師も、「大きな悟りを十八回、小さな悟りは数知れず得た」と言っています。つまり、繰り返し、繰り返し、悟りを深めたということです。

禅では、最初に見性《けんしょう》という悟りの入口に達したあとに、「悟後の修業」として、さらに悟りの深奥を目指して永遠に修業を続けるのです。その修業の中には、民を導き救うという積善の実践が含まれています。

白隠禅師の晩年の道歌に、「**悟りても下化衆生の心なきは魔道に堕つと春日野の勅**」というものがあります。これは、たとえ悟りを開こうと、法施利他の善行（菩提心）がない者はみな魔道に堕ちるとの意味であり、当時の春日明神の神勅として得たものです。

悟ったと思い込んで慢心し、進歩向上を止めてしまうと、死後、あまり良い霊界に行くことはできません。進歩向上の停止した霊界で、永きにわたって停滞してしまいます。これも地獄界の一種といえるもので自分が作り出した想念の世界です。ヨガ行者や瞑想愛好家などがこうした霊界に死後、迷い込む恐れがあります。現世で積善の実践をせず、現実逃避して、ひたすら内面世界ばかり探求することは危険なのです。人々とかかわる社会活動を通じて魂を磨く努力を怠ったために、正道から外れたということです。

このように、本書で解説した**魂を磨く生き方に終点はありません。永遠に続く進化の道です。その道を喜びと感謝で歩むことが、永続的に幸せになり続ける方法なのです。**この世での人生が終われば、霊界での次の修業が待っています。その次は生まれ変わって、この世でまた修業です。これを繰り返すうちに、あなたはどんどん魂を磨いて、天国界の住人になれるまで進化します。生まれ変わりをいったん卒業できるレベルです。天国界も無数の階層があり、より上の階層に進歩するために、この世にふたたび生まれ変わって修業することもあります。

さらに向上して、天国界の上層に達し、守護霊のお役につけるようになっても、今度は、守護霊として子孫の魂の向上を導きながら、それを通じて自分も修業していく道が始まります。さらにその先には、神様の御用を務める超高級霊（天使や神使など神様の配下）となっていく道が待っています。そして、進化すればするほど、歓喜感動が増し、幸福感が増していくのです。魂を磨く道は永遠なのです。

●人生そのものを神に奉納するという境地

　魂を磨いて霊的な進化を遂げるために、わたしたちは、この世に生まれてきます。この世での生涯を終えると、霊界に移行し、霊界では、霊界ならではの環境のもとで、魂を磨いていきます。そして、霊界で一定期間を過ごしたら、再び、この世に転生して、現世での修業をします。この繰り返しの中で、わたしたちの魂は向上していきます。

　この世で出会う親や兄弟姉妹、恋人、伴侶、子供、友人知人、親戚縁者、職場の人々。すべては、この世という魂を磨く学校のような場所における、クラスメイトのようなものです。そのなかには、良い縁もあれば悪い縁もあります。幸せをもたらす人もいれば、不幸をもたらす人もいます。この世で経験するすべては、魂を磨くための砥石のようなものなのです。

　このような仕組みをふまえて、この世を生きるうえでの最善の心がまえとはどのようなものか。それを知っておくほうが、より良い人生にすることができるはずです。それは、**自分の人生というものをすべて神様に奉納する気持ちで生きていくこと**なのです。わかりやすい例をあげるなら、神社などで奉納演奏や奉納演武というものがあります。これは、楽器演奏者が、神様に奉納するために演奏をすることであったり、合気道や古武術などの団体が、神様に武技を奉納するために、境内で武術の型を演じることです。

これと同じように、**自分がこの世で生きてく人生そのものを、ご照覧されている神様に奉納する気持ちで、日々の立志発願と精進努力に励む生き方をつらぬくこと**なのです。因果応報のために、試練がやってきたとしても、それを雄々しく乗り越えていく姿そのものを神様に奉納していくのです。人生に高い志を立てて、世のため国のため人のために行動するとき、その行動も神様に奉納していくのです。神ひとすじに生きて積善の道を歩んでいく姿をすべて神様に奉納していくのです。すべての労苦を神様に奉納して、誠として捧げつくすのです。

神様から見て、最善のあり方を常に意識し、自分自身の幸せも疎かにせず、アドラー博士のいう「共同体への奉仕」を心がけていくのです。このような生き方であれば、もっとも効果的に魂を磨いていくことができるのです。この生き方なら、どんなときも天佑神助があなたを守ってくれるようになるでしょう。

●究極の積善とは国を守り救うための祈り

善行をしたことが世間に知られ、尊敬されたり、顕彰されたりするような積善は尊いことです。しかし、これは陽徳であって、それ以上に尊いのは、誰にも知られることなく、災いを芽のうちに摘み取るような目立たない陰徳を積む行いです。火事の時、燃え盛る建物の中に飛び込んで、人命を救助したり、懸命に消火活動をして火を消し止めることは確かに尊いことです。しかし、それ以上に尊く、重要なのは、火事が発生する前に火種を消去することなのです。

たとえば、空き家の前にタバコの吸い殻が落ちていて、火がくすぶっていたとします。それを目ざとく発見して、水をかけて消火すれば、火事になることを防げます。このような善行は誰にも知られることがなく、誰からも評価されることもありません。しかし、この小さな積み重ねが、大いなる災いから人々を守り救うのです。

推奨神社に参拝して、国の民のため祈ることは、まさしくこのような陰徳を積む善行なのです。「侵略される国難から日本の国を守り給え」と熱い誠で祈ることや、「政府の愚策のせいで貧困化する民を救い給え」と愛の念をこめて祈願することは、まさに陰徳を積む行いなのです。「不法移民や偽装難民によって、凶悪な犯罪が多発し、日本国民が苦しんでいる現状が、なんとか改善されるように」と祈願することは、大いなる積善なのです。「政府が移民政策をやめるように、また、緊縮財政と増税をやめるように、その結果、国民が豊かで幸せになるように」推奨神社で祈り続けることで、目に見えない霊的原動力が生まれるのです。

「お祈りなんかしても世の中は変わらない」と考えている人もいますが、それは間違っています。人間の社会は、人の思いによって、文明が進歩発展してきました。人類を集合体として考えれば、誰かの思いが、人類全体を動かしてきたといえるのです。**もし、強い思いで平和と秩序と調和を願う人が増えれば、その思いが霊的原動力という無形のエネルギーになって蓄積し、やがて、その想念は現実化していくのです。**そして、推奨神社の神霊にそれを願い、天佑神助を授かるならば、さらに強力な事象干渉力が神霊世界から付与されて、世の流れをより良き方向へと変えていくのです。

本書を読んで、あなたがその内容に心から納得できたなら、ぜひ、推奨神社に参拝して、国を守るための祈りを実践してくださいそして、この本をあなたの身近な人にも広めてください。一人でも多くの人が、推奨神社で真心をこめて「国難から民が守られるように」祈らねばならない時です。あなたが愛国者として覚醒し、国を守る祈りの人となることを願っています。そのような生き方こそ、もっとも魂を磨ける生き方といえるでしょう。

コラム4

「キャンセルカルチャー」から日本を守る

現在、**世界中でキャンセルカルチャー（伝統文化の破壊）が進行しています。**多様性や公正を求めて、従来の文化や伝統、習慣などを否定し、消していく運動です。人種やジェンダー平等などを旗印にして、自分たちの意見に反する意見を、不適切な言動（レイシストなど）というレッテルを貼り、否定し、ボイコットするのです。アメリカで特にこの運動が進行していて、社会が大きく混乱しています。これは**形を変えた共産革命であり、人々を分断して争わせるものです。**

人々の持つ伝統的な絆や道徳に基づく社会の秩序を壊すために、差別の撤廃を訴えたり、多様性ある社会の実現を訴えたりします。一見、良い事を言っているように思うので、大衆は簡単にだまされ、賛同してしまうのです。その中でも気をつけなくてはいけないのは、選択的夫婦別姓の運動です。これは、選択的という言葉がついているので、やりたい人だけがすればよいという理解になりがちです。そのため、自分たちは夫婦別姓は望まないけれど、夫婦別姓にしたい人は自由にすればよいのではと考えがちです。

ところが、実際にはそうではありません。**選択的夫婦別姓の本質は、強制的親子別姓です。強制的に親子に別姓を強いるのです。**もし、夫婦別姓にしている夫婦の子として誕生したら、その時点で、強制的に親子は別姓になります。父親か母親かどちらかの姓を名乗らなければならないからです。**

一方、夫婦同姓にしている家庭では、あたりまえに親子は同姓であり、同じファミリーとしての一体感を持つことができるのです。「**名は体を表す**」**という言葉もあるように、名前は、人の潜在意識に大きな影響を与えます。**

だからこそ、世界中のほとんどの国は、原則として夫婦同姓の仕組みで社会が成り立っているのです。世界のほとんどの国は、ファミリーネームを大切にしています。夫婦別姓でファミリーネームもない国は、中国、スウェーデン、カナダのケベック州だけです。夫婦完全別姓は、韓国、スペイン、サウジアラビアだけです。日本で叫ばれている夫婦別姓は、中国と同じくファミリーネームの廃止です。

家族の一体性を守り、家族を単位とした社会の道徳の維持を目的とするためにファミリーネームを同じにする、これが夫婦同姓の意義なのです。夫婦別姓にしている国のほう

が圧倒的に少ないのはこのためです。さらには、夫婦別姓の習慣は、中国や韓国の文化です。夫婦別姓運動をしている人々は、日本の伝統文化を壊して、中韓の文化を植え付けようとしているということです。これは文化侵略です。

そして、夫婦別姓運動の先にあるのは皇室の破壊です。女系天皇を容認する人のほとんどが、夫婦別姓容認です。彼らは、ジェンダー平等の観点から、女系天皇も容認されるべきだと主張しています。そして、その第一歩として、女性天皇を立てよと主張するのです。しかし、**皇室には男系継承の不文律があって、それが二千年以上も守られています。男系継承の不文律とは、天皇を父系でたどると、必ず初代の神武天皇につながるという大原則です**。

古代に女性の天皇は存在しましたが、すべて父系をたどると神武天皇につながります。そして、女性の天皇は生涯、子を産まず、独り身を守る不文律がありました。これは、もし、皇族ではない他の男性とのあいだに子が生まれて、その子が皇位に就くような事態があったら、父系をたどっても神武天皇につながらないからです。

女性の天皇が子を産むことは皇統の断絶につながるゆえに、生涯、独り身をつらぬかれたのです。そして、もし、現代において女性皇族が皇位に就いたら、この不文律によって、生涯、独り身を守り、子を産むことをあきらめて頂くことになります。そのような非人道的なことを現代においてできるはずがありません。だからこそ、明治以降、皇位は男系男子が継承するという決まりになっているのです。

女系天皇を認めないと、皇位継承者がいなくなると主張する人がいますが、これは大きな間違いです。戦前は、ほかに十一の宮家が存在し、皇族は多数いました。ところが、戦後、占領軍の圧力で十一の宮家は皇室から離脱させられたのです。この**旧宮家の中には、父系で神武天皇につながる若い男系男子が複数いることが政府の調査で確認されています。この方々のうち、皇室復帰の意志を持つ数名に皇室に戻って頂ける特例法を制定するだけで、皇室は安泰となるのです。**

側室制度なしに、男系継承（父系継承）を維持するのは不可能との言説もありますが、これも大きな間違いです。たとえば、**フランス王室は、キリスト教のために側室制度がない状態のもと、本家と複数の分家だけで、男系継承（父系継承）を維持できていました。**フランス革命で王室廃止後も男系継承（父系継承）にて継承は維持され、現在も名目上の国王、ジャン四世が存在し、男系継承（父系継承）が千年以上も続いています。

直系子孫にこだわらず、遠縁の男系子孫にも王位継承権を広げたフランスの成功事例が側室制度不要のひとつの証明といえます。フランス王室も嫡出の男子が途絶えることがあり、その度に遠縁の男系子孫に王位を継がせました。西暦987年にユーグ・カペーがフランス王位に就いてから、フランス革命、復古王政、二月革命を経てフランス王政は終わりましたが、本家のカペー王家、分家のヴァロワ家とブルボン家の血筋により、今日まで男系継承が維持できたのです。

側室制度に頼ることなく、フランス王統の男系男子の血筋は今日まで千年以上も続いており、ブルボン家の支流であるオルレアン家の当主ジャン・ドルレアンが、名目上のフランス国王ジャン四世となっています。父親を家系図でさかのぼれば、初代のユーグ・カペーにつながっているのです。天皇陛下が、父親を家系図でさかのぼれば、初代の神武天皇につながっているのと同じです。そして、西暦2023年は、皇紀2683年ですから、皇室は、初代の神武天皇の御即位から二千六百年以上も男系継承（父系継承）で続いている比類なき御存在といえます。

我が国の皇室は、フランス王家の二倍以上の長い歴史を持ち、世界最古の王朝なのです。世界で最も古いロイヤルファミリーである皇室は、わたしたちのご先祖様が守り続けてきた存在です。日本が日本であり続けるための要《かなめ》としてお守りしなければなりません。

日本の天皇は、外国の王や皇帝とは基本的な性格がまったく違います。天皇は、古代から祭祀王として、国の民の安寧を祈る存在でした。『日本書紀』に「**天皇は、まず神祇《じんぎ》（あまつかみ・くにつかみ）を祭り、そのあと政治を行う**」という記述があります。

第84代順徳天皇（1197―1242）によって漢文で書かれた『禁秘抄《きんぴしょう》』の冒頭には、「**およそ禁中の作法は、神事を先にし、他事を後にす**」（**宮中の作法は、すべて神事を先にして、他の事を後にする**）と、天皇にとって最も大切なことは宮中祭祀であると書かれています。

天皇は何を神に祈るのでしょうか。それは、国の平安と民の幸福を祈るのです。一切の見返りを求めず、無償の愛で、国の民の幸せを祈り続けてきたのが、天皇という御存在です。たとえば、第124代である昭和天皇は「**わが庭の宮居に祭る神々に世の平らぎをいのる朝々**」という御製を残されています。諸外国の王や皇帝は、権力をもって征服した覇者ですが、天皇は、日本建国に携わった神々の子孫であり、今も皇祖神を祭祀し続ける世界に唯一の祭祀王です。男系継承が皇位継承の不文律であったことは、祭祀王の血を守るためであったということです。男性を種、女性を畑に例えるなら、祭祀王の種が守られてきたということです。

このような歴史を持つ国は、世界で日本だけであり、日本は建国以来、二千六百年を超える歴史を持つ世界最古の国なのです。皇室については、青山繁晴氏の『誰があなたを護るのか―不安の時代の皇《すめらぎ》』という本がわかりやすくて参考になります。青山繁晴議員が創設した「日本の尊厳と国益を護る会」という議連が、旧宮家の男系男子の皇室復帰をめざして活動しています。この動きをわたしたちが支えていくことが日本を守ることにつながります。**皇室こそ、日本の霊的中枢なのです。**

もうひとつのキャンセルカルチャーの悪法がＬＧＢＴ法（ＬＧＢＴ理解増進法）です。ＬＧＢＴとは、レズビアン、ゲイ、バイセクシャル、トランスジェンダー（出生時の性と自認する性が一致しない人）を指します。**人間を生物学的な男性と女性で区別するのをやめるように促すのがＬＧＢＴ法の最大の問題点**です。そもそも、ＬＧＢＴに関しては、生物学的および医学的な基礎研究が少なく、科学や医学の観点からも、理論的なメカニズムの解明が進んでいないのが実状です。また、体が男性で心が女性（あるいはその逆）というトランスジェンダーに関しては、**その人の性自認の真偽を判別する方法が存在しません。つまり、男性なのに、「心は女性です」と嘘をついて女性更衣室などに侵入することもできるということです。このような犯罪への対策が不十分なまま、日本でもLGBT法が制定されてしまいました。**

LGBT法は、「生物学的には男性であるが、性自認は女性だ」と主張する人物が女子トイレなど、女性専用スペースに侵入することを正当化します。この法が州法で制定されたアメリカ各州や、イギリスなどでは、性犯罪が激増しています。被害者は女性と子供です。**あまりにも性犯罪が増えたため、アメリカでは、すでに、多くの州で反LGBT法が審議されています。**2023年1月から6月にかけて、計500本以上の反LGBT法案がフロリダ州やテネシー州など各州の議会に提出されています。そして、6月時点で75本以上の反LGBT法案が成立しているのです。

たとえば、**カンザス州では、2023年4月に「女性の権利法」が制定されました。この法では、「女性専用スペースに入ることができるのは、生物学的女性に限定される」ことが明記**されています。性犯罪を防止するためです。アメリカの民主党が主導してきたLGBTに関する法制定の結果、アメリカの至るところで、「性自認が女性であると称する生物学的男性」による性犯罪が多発しました。多くの犯罪被害者が出て、ようやく共和党が主導する反LGBT法が制定されつつあり、揺り戻しが起きてきたのです。

すでにアメリカでは、LGBT推進活動家によって、**学校教育の現場でも「包括的性教育」の名のもとに、過激で異様な性教育が推進され、性道徳の破壊が進んでいます。これもまた、性の解放を使って社会の秩序や道徳を破壊する共産革命の一種なのです。**ソ連が崩壊し、共産主義は弱体化したかに見えましたが、実際にはアメリカの民主党や日本の自民党の内部にそれは浸透し、暗躍し続けているのです。共産革命とは、社会の秩序を破壊して、全体主義的な社会を生み出すものです。彼ら活動家は、共産革命という正体を隠して教育現場に入り込み、「弱者の権利を守り、差別をなくす」という美名のもと、子供を洗脳していくのです。イギリスの小学校では、男女別のトイレを男女混合に作り変える動きが広まり、すでに半数近い学校で男子生徒と女子生徒が、同じトイレや更衣室を使わなければなりません。日本をこのような姿に変えることを阻止しなければなりません。

安倍晋三氏が存命中は、安倍氏によってLGBT法推進派の動きは抑えられていました。安倍氏が暗殺され、その影響力がなくなると、自民党に入り込んだ左派の動きが活発化し、

ＬＧＢＴ法が制定されてしまいました。アメリカの駐日大使であるエマニュエル氏が法案の制定を強く促す内政干渉をしたことも広く知られています。エマニュエル氏は、民主党のＬＧＢＴ法推進の強硬派として有名です。アメリカの民主党政権が、自国を混乱させている悪法を日本に強要する意図は何でしょうか。

アメリカから見れば、日本を都合よく支配するうえで最大の邪魔は皇室です。その皇室を弱体化させるには、男系継承を断ち切りたいということです。**「生物学的な男女の区別をすることは差別なのだ」と主張するＬＧＢＴ法が、日本社会に浸透する結果、皇統の男系男子による皇位継承を否定することにつながるのです。**日本を滅ぼしたい勢力が、この動きに連動しています。週刊誌による秋篠宮家への虚偽にもとづくバッシングや、「愛子天皇」擁立《ようりつ》を叫ぶ言論人なども、すべて同じ穴のムジナと考えてよいでしょう。

このように、日本の国は今、キャンセルカルチャーという、道義国家破壊運動の嵐が吹き荒れて、国家存亡の危機を迎えています。**緊縮財政と増税による国民の貧困化。移民政策で文化も道徳観念も違う外国人の大量流入が起こり、外国人犯罪が激増。それに加えて、ＬＧＢＴや同性婚、夫婦別姓の推進によるキャンセルカルチャー。ご先祖様たちが大切に守り抜いてきた日本の国がメチャクチャに壊されようとしているのです。**外国が攻め込んでくることがなかったとしても、日本はこのままでは、内側から衰退し、崩壊し、消滅しかねない状況です。

日本を救うためには、真の愛国者による政党が誕生する必要があるでしょう。そのためにも、**選挙権をもつすべての国民が、選挙に足を運び、真の愛国者を見極めて投票する必要があります。投票する権利をもちながら投票に行かない人は、みずから国を滅ぼす悪に加担しているのと同じです。**本書を読まれたあなたは、ぜひ、すべての選挙に参加し、投票行動をしてください。それもまた大きな積善となるのです。

日本と世界を混乱させ続けている現象の背後には、世界の富の九割を占有している国際金融資本と呼ばれる勢力の影響があります。それについて知ることで、わたしたちが、これからどう対応していけばよいのかが、理解できるようになります。**テレビや新聞だけを情報源としている限り、ほんとうの情報は手に入りません。なぜなら、これらオールドメディアはすべて彼らの手中にあって、大衆を扇動する洗脳装置と化しているからです。**このことについては、馬渕睦夫氏の『ディープステート　世界を操るのは誰か』という本がわかりやすいので参考になるでしょう。

わたしたちは、このような未曾有の国難のなかに日々を生きているということです。本書でお伝えした、祈りによって天佑神助を授かるノウハウを用いて、あなた自身の幸せの実現だけではなく、日本の国が国難から救われ、国が守られ、民が幸せになるようにぜひ祈ってください。それは天皇陛下の祈りをお支えする力となります。草莽の民による祈りの結集によって、無形の霊的原動力が生まれ、世の機運が動いていくのです。その目に見えない力は、具体的に行動してくれている愛国者たちを霊的に支援し、守っていくのです。

おわりに

本書は、「魂を磨く生き方」について、日常生活の中で、誰もが実践できるようにとの意図で世に出されました。魂を磨くと、どんなメリットがあるのかについても、詳しく解説しました。

人は誰もがこの世に魂を磨くために生まれてきています。そして、生まれてきた目的である魂を磨く生き方を実践すればするほど、その報酬（ご褒美）としての、喜び、幸せ、満足がこの宇宙から与えられるようになっているのです。

人はそのように創造された存在であり、創造主である神様の願いにそった生き方、在り方が、魂を磨く生き方ということになります。このことをまったく知らず、悟らず、考えることもなく生きている人であっても、この宇宙に作用している因果応報の法則によって、知らず知らずのうちに、魂は磨かれて、進化し、向上しているのです。

そして、自覚のない状態で、運命に流されるように生きるよりも、生まれてきた目的を悟り、自分の意志で宇宙創造主の願いにそった生き方をめざすと、より早く、喜びや幸せや楽しい事がやってくるのです。

反対に、魂を磨くことから遠ざかり、その場限りの安楽や快楽を求めて、エゴイズムで生きるなら、一時的に良いことがあったとしても、最終的には、因果応報の法則の作用を受けて、自分がまいた種を自分で刈り取る結果となるのです。


魂を磨く生き方に取り組んでいくとき、人生という冒険をいっしょに旅するお仲間がいれば、お互いに励ましあったり、支えあったりできることも多いはずです。

そんなことを考えて、魂を磨く生き方をいっしょに研鑽するための学びの場として、「みんなで開運しよう！魂向上実践塾」を創設し、志を同じくする人々が集まれるネット上の空間を提供してきました。これは閉鎖型のＳＮＳ形式のネット上の塾であり、参加者は、著者にメールで直接相談し、サポートを受けることができます。

人生の道を歩むとき、一人では迷ったり、悩んだり、つまづいたりすることも多いのではないでしょうか。塾生になると、著者によるメールカウンセリングで、人生で直面する一つ一つの出来事を教材に、個別のアドバイスを受け取ることができます。先輩たちの豊富な体験談を読むこともできます。実践によって、実際にどんな成果が出ているかを学ぶことができるので、モチベーションが上がります。

魂を磨く生き方の実践は、短期目線でするものではありません。長期目線で、生涯をかけて、つらぬいていくものです。その長い道のりを歩くとき、同じ志を持って歩んでいる仲間の存在は、「心の安全基地」になることでしょう。茶道や華道の習い事のような感覚で学ぶことができますので、気軽にホームページからお問い合わせください。

本書の内容はすべて前世療法を重ねる中で解明されたものです。もっと前世療法の症例の話が知りたいと思われた方は『前世療法　医師による心の癒し』（東方出版）、『守護霊さんとお話しして幸せになるCDブック』（マキノ出版）をお読みください。また、積善と天佑神助についての理解を深めたい人は、『魂の黄金法則　あなたの人生を好転させる積善の秘密』（たま出版）をお読みください。著者のホームページ「ヒプノセラピー研究所グングニルの工房」を検索して頂くことで、最新の情報を読むことができます。

令和五年七月吉日　　著者記す

参考文献・推薦図書

『マンガでわかる愛着障害』 岡田尊司 著 （光文社）
『発達障害「グレーゾーン」生き方レッスン』 岡田尊司 著 （ＳＢクリエイティブ）
『マンガでわかるパーソナリティ障害』 岡田尊司 著 （光文社）
『マンガでわかる！ アドラー心理学 折れない心の作り方』 和田秀樹 著 （宝島社）
『どうする財源 貨幣論で読み解く税と財政の仕組み』 中野剛志 著 （祥伝社）
『決定版・日本史［人物編］』 渡部昇一 著 （扶桑社）
『西洋の自死』 ダグラス・マレー 著 （東洋経済新報社）
『誰があなたを護るのか―不安の時代の皇《すめらぎ》』 青山繁晴 著 （扶桑社）
『ディープステート 世界を操るのは誰か』 馬渕睦夫 著 （ワック）

＜著者紹介＞

久保征章（クボ マサアキ）

内科医。日本医師会認定産業医。
1970年、和歌山県生まれ。近畿大学医学部卒。病院や診療所に勤務し、メンタル疾患に深くかかわる中で、人間の生き方や人生観こそが病気や悩みの根本原因であると悟る。人生の根本的な癒しは、現代医療の枠組みの中では難しいと実感し、催眠療法、特に前世療法を主とした心理療法をおこなうようになる。産業医としてメンタルヘルス対策等に取り組む傍ら、2009年、京都府に「ヒプノセラピー研究所グングニルの工房」を開設。前世療法を中心とした心理療法により、人々の悩みや苦しみの解決に尽力している。また、「みんなで開運しよう！魂向上実践塾」というネット上の塾を創設し、メールカウンセリングをしながら、塾生が悩みから脱却し、理想の人生を歩んでいけるようサポートしている。著書:『前世療法　医師による心の癒し』(東方出版)、『守護霊さんとお話しして幸せになるCDブック』(マキノ出版)、『魂の黄金法則』(たま出版)。

魂のみがきかた
人生を好転させる魂向上の９つの道標

令和５年８月４日　第１刷発行

著　者　久保征章

発行者　斎藤信二

発行所　株式会社 高木書房

〒116-0013　東京都荒川区西日暮里5-14-4-901
電　話　03-5615-2062　FAX　03-5615-2064
メール　syoboutakagi@dolphin.ocn.ne.jp
装丁・印刷・製本　株式会社ワコー

Printed in Japan　ISBN978-4-88471-833-6 C0011

野田　将晴

教育者は、聖職者である。

通信制高校の校長時代の著。なにゆえ子供たちの心は歪むのか。「戦後教育」はこれでよかったのか。「戦後のタブー」に挑戦し続ける学校現場がある。日本再生、教育再生の答えがある。

四六判　定価一四三〇円（本体一三〇〇円＋税10％）

田下　昌明

一に抱っこ二に抱っこ三、四がなくて五に笑顔

小児科医として延べ50万人の子供たちを診察してきた著者が、胎教から始める親としてあり方、子供と向き合い方など、一ページ一テーマで実際に役立つ子育てを分かり易く説いている。

四六判　定価一三二〇円（本体一二〇〇円＋税10％）

服部　剛

教室の感動実況中継

先生、日本ってすごいね

公立中学校の教師が、日本の歴史を否定的に教える教育現場の中にあって、史実に基づいた日本人の姿を生徒と共に追体験する。18項目を収録。その全てが日本人の心を揺さぶる。

四六判　定価一五四〇円（本体一四〇〇円＋税10％）

原作　エドワード・マンデル・ハウス

監訳・解説　林　千勝

ロスチャイルド家の代理人が書いたアメリカ内戦

革命のシナリオ『統治者フィリップ・ドルー』

近現代史家林千勝氏が解説。亡国の危機を乗り越え日本を取り戻すためには、世界と日本の運命を握って久しいグローバリズム勢力による支配の構造と巧みな手法を知る必要がある。

四六判　定価二二〇〇円（本体二〇〇〇円＋税10％）

出雲井　晶

日本神話の心

私達は遠いご先祖からの命を引き継ぎ、今、生きている。日本人には「命あるものとの一体感」が生き方の根底にある。日本神話は、日本及び日本人のあるべき姿を教えてくれる。

四六判　定価一一〇〇円（本体一〇〇〇円＋税10％）

高木書房